中国平原林业经济功效评价

张宇清　周莉　吴斌　李冰　著

中国林業出版社

图书在版编目(CIP)数据

中国平原林业经济功效评价/张宇清等著．—北京：中国林业出版社，2012.12
ISBN 978-7-5038-6922-8

Ⅰ.①中…　Ⅱ.①张…　Ⅲ.①平原－林业经济－经济评价－中国 Ⅳ.①F326.23

中国版本图书馆 CIP 数据核字（2013）第 003970 号

出　版：中国林业出版社（100009　北京西城区刘海胡同 7 号）
E-mail：forestbook@163. com　电话：（010）83228427
网址：http：//lycb. forestry. gov. cn
发　行：中国林业出版社
印　刷：北京北林印刷厂
版　次：2012 年 12 第 1 版
印　次：2012 年 12 第 1 次
开　本：787mm×960mm　1/16
印　张：11.5
字　数：210 千字
印　数：1～1000 册
定　价：35.00 元

前　言

平原地区林业在国民经济发展中起到了重要作用。平原地区同时承担着国家生态安全和粮食安全的重任。平原地区林业的发展，由其生态的发展带动了产业的快速发展，为林业经济增长做出了重要贡献。同时，平原地区农林复合的经营方式，对平原地区农业发展、粮食增产、农民增收起到了积极作用。但平原地区林业依然存在产业内部三次结构不合理、林业产业不具规模经济效应、区域林业经济差异大、林业经济的负外部性等诸多问题。在这样的背景下，对平原及其区域林业进行系统的分析和评价，根据平原地区林业特点和平原区域的典型特征，对平原及其区域林业发展、解决三农问题、保障平原地区生态安全和粮食安全都具有重要意义。

本著作主要运用理论与实证相结合的方法，在对全国26个省（自治区、直辖市）177个市868个县进行调查的基础上，将平原地区分为六大区域，系统地进行平原地区林业的经济功效评价。结合平原地区林业不同区域特征，研究其产业规模效益，结构效益及综合经济效益，根据林业经济区域划分，培育不同区域林业经济增长点，在保证生态安全的基础上，实现林业经济的稳定增长，以及林业产业的可持续发展。

本著作主要依据产业经济学、区域经济学和林业经济学的理论，在评价方法上，运用指标分析法、主成分分析法、因子分析法、聚类分析法和灰色关联度等方法，对平原地区林业经济功效进行了结构和规模的系统性评价；对平原地区林业经济功效进行了省级层面的评价排序；对平原地区从林业经济功效方面进行了进一步的区域划分；对平原地区林业经济功效初步设计了利益相关者分析的政策性框架。

本著作内容分为8章，从基础层、评价层和目标层3个层面对平原林业经济功效进行分析和评价。

第一章、第二章是基础层面。第一章引言，主要介绍研究的背景和意义，在此基础上建立研究的框架，以及研究方法和研究步骤。第二章是研究基础，在对相关领域研究进行介绍讨论的基础上，对本书的研究范畴和相关概念进行分析和界定，并建立研究假设，以规范本研究的基本前提，为后续分析奠定基础。

第三章到第六章是评价层面。第三章平原地区林业经济的样本与资源禀赋。该章内容主要是对平原地区林业经济功效相关样本调查的基础上，分析平原地区林业经济资源禀赋的现状。基于普查和典型调查的方法，对平原地区26个省（自治区、直辖市）177个市868个县进行了统一调查，对平原地区的农户和企业进行了典型调查。结合样本的普遍代表性和平原地区林业经济发展的4个特点，从林业经济的宏观因素、中观因素和微观供给要素3个方面，对平原林业经济的发展进行了因素分析。最后，从平原地区的基本情况、林业建设的现状和林业经济资源3个方面，对平原地区林业经济的资源禀赋进行了分析和评价。第四章平原地区林业经济功效的区域综合评价。该章主要通过主成分分析法和因子分析法，分区域系统地对平原地区的林业经济功效进行评价。按照可行性原则、客观性原则、系统性原则、独立性原则和可比性原则，从省级层面和市级层面对平原地区林业经济功效进行综合评价，并利用林业的生产投入要素指标、经济规模指标和经济效益指标3个主成分，进行了省级层面的综合林业经济排序。第五章平原地区林业的规模经济评价。该章基本思路是基于规模经济的基本概念和理论的阐述，确定平原地区林业规模经济分析和评价的方法，并选择评价指标。通过运用林业投入指标、林业产出指标和林业投入产出指标，对平原地区及其区域进行了林业规模经济的一般分析，同时运用集中度和区位商两个指标进行深层次分析和评价。第六章平原地区林业的经济结构评价。该章主要从林业产业层面对平原林业的结构进行分析和评价。通过对平原地区林业经济结构评价理论的阐述，具体对产业结构的概念以及产业结构中主导产业选择的基准进行分析，并以产业关联度基准，运用产业灰色关联度方法，结合 DPS 统计工具，对平原地区林业产业进行外部结构和内部结构的评价。

第七章、第八章是目标层面。第七章是基于平原地区林业经济功效评价的分类经营和利益相关分析。该章主要研究两个方面的内容，即平原地区林业经济功效的区域分类经营，以及基于平原地区林业经济功效评价的利益相关者分析。前者主要运用 SPSS 统计工具，按照聚类分析方法的 5 个步骤，对平原地区调研的 26 个省份，选取 15 个指标，按照其林业经济功效进行聚类，聚类结果为 6 类，并按照 6 种类型制定主导产业的分类经营政策。在此基础上，基于平原地区林业经济功效评价的利益相关者分析，根据利益相关者理论，将利益相关者分为首要利益相关者和次要利益相关者，并依据利益相关者的分类界定，提出了相关的政策建议和目标，并依据 5 个重要的相关政策性原则，最后初步设计了与平原地区林业经济功效有关的利益相关者的政策性框架。

第八章是研究结论与建议。通过基础层面、评价层面和目标层面对平原及其区域林业进行系统性地分析和评价，最后从平原林业和平原区域林业两个层面得出结论，从平原林业层面的评价，本书认为平原林业带动地方经济快速发展，但在国民经济发展中所占份额较小；平原林业投入规模递增，其产业粗具规模经济；平原地区林业产业还处于初级阶段，三次产业结构发展不均衡；平原林业产业的发展促进农业发展和农民收入的提高。通过平原区域林业经济功效的评价和排序，进一步认为平原区域林业经济的发展存在显著的不均衡，但平原区域林业经济的发展对农民收入的影响趋于一致。

本著作初步建立了平原林业利益相关者的林业产业政策框架，提出以主导产业带动平原林业的发展，确立林业第二产业为主导产业；提出建立平原区域林业的比较优势产业，以比较优势产业带动平原区域林业经济的发展，有利于发挥平原地区的林业经济功效。本著作根据聚类分析结果，结合主成分分析和因子分析法的研究，划分了平原地区林业经济六大区域，提出了分区经营指导政策建议。建议应加大财政支持力度，以促进目前林业产业总体及其三次产业的发展。

著 者

2012 年 10 月

目　录

1 引　言

1.1 研究背景

平原地区林业在国民经济发展中具有重要地位。平原地区林业经济功能的充分发挥，对于我国特别是平原地区经济的发展有着举足轻重的作用。首先，平原地区林业经济功能的发挥能增加农民的收入，促进地方经济的发展；其次，平原林业是木材供给的生产基地；再次，平原地区林业经济的发展，在很大程度上影响了国民经济其他部门的产业规模。

1.1.1 平原地区林业的发展在国民经济中具有重要地位

我国平原地域辽阔，主要分布在东北、华北、长江中下游、珠江三角洲等地区，是全国重要的粮、棉、油生产基地，在国民经济建设中处于十分重要的地位。据国家林业局《全国平原绿化工程建设规划(2006~2010)》对我国平原、半平原、部分平原县(市、旗、区)进行的划分和统计，2005年年底，全国共有958个平原、半平原、部分平原县(市、旗、区)，总面积、耕地、人口分别占全国的22.3%、47.9%和43.8%，占据国民经济重要地位。

但长期以来，由于干热风、风蚀等危害，广大平原地区粮食产量低且不稳定，影响了农业生产和农村发展。20世纪70年代以来，我国为防灾减灾、改善农村生态环境条件、促进平原地区粮食稳产、美化环境，在平原地区开展了大范围以农田防护林体系建设、村屯绿化和绿色通道等建设为主要内容的平原绿化工程，并逐渐形成了平原林业体系，已成为我国农村地区木材、薪材等资源的重要供应源，为保障和改善平原地区的生态环境、促进区域经济发展和农民增收做出了重要贡献。

进入21世纪，加强生态建设，维护生态安全，是人类社会面临的共同任务和主题，也是我国全面建设小康社会，加快推进社会主义现代化，走生产发展、生活富裕、生态良好的文明发展道路，实现经济发展与人口、资源、环境的协调，实现人与自然和谐的重要基础和保障。“十一五”期间，新农村建设对平原地区林业提出了更高的要求，强调要突出粮食主产区，为农田构筑高标准的绿色屏障，保障农业可持续发展。同时，提高平原地区林业生产力，是促进地方经济发展和农民增收的需要。

1.1.2 平原地区是木材供给的重要基地，是维护国家木材安全的希望所在

随着我国经济的高速发展和人民生活水平的提高，木材供需缺口将越来越大。湖北省每年森林蓄积消耗总需求量达1200万立方米，供需缺口较大，平原地区潜力巨大，可新增造林面积600万亩，每年可新增采伐蓄积600余万立方米(甘勇，2008)。江苏省木材加工业年需原料1000万~1200万立方米，而全省资源仅400多万立方米，其余大部分原料依靠邻近省份和国外进口(严宏生，2006)。在很大程度上，平原地区成为木材供给的重要基地。从长远看，我国严重短缺的林产品仅靠从国际市场进口是不现实的，而且以其他材料替代也非常有限。因此，平原地区林业经济发展极其重要。从木材供给角度分析，我国木材供给方式已由采伐天然林为主，转向利用人工林为主。平原地区将承担起培育我国后备森林资源的重任。平原地区自然条件优越，光照、水分充足，林木生长迅速，采伐周期短，树种资源丰富。因此，在平原地区，发展速生丰产用材林、工业原料林和名特优新经济林有着得天独厚的自然条件。平原地区经济社会相对发达，市场经济发育程度高，经济基础好，资金密集，技术密集，人才集中，信息快捷，交通便利，消费需求旺盛，农民商品意识强，具有良好的林业产业发展基础。平原地区的自然条件和社会经济条件，对平原地区木材供给产生重要影响，因此，研究平原地区林业产业经济的发展极其必要。

1.1.3 平原地区林业及林业经济进入快速发展时期

国家林业局明确提出了新时期平原绿化建设的目标，即：从生态上，构筑我国平原地区国土生态安全的保障体系；从资源培育上，把平原地区建成未来我国人工林木材生产的重要基地；从经济上，平原绿化要成为部分地区市域、县域的经济支柱；从文化上，平原绿化要成为平原地区文明发展的重要基础。目前，我国已进入全面建设小康社会阶段，平原地区林业肩负着保障生态安全，改善群众生产生活条件，推动社会主义新农村建设的任务。同时，由于国际范围内木材资源紧张，我国天然林全面停止商品性采伐，这与人民对木材需求的不断提高产生瓶颈，由此，从现实需求而言，平原地区林

业担负着木材供给的重任。森林是绿色文明的摇篮，平原地区人口稠密，随着群众生活水平的提高，对绿色家园的诉求日益强烈，平原地区的林业必然是生态文明建设的基础。

新时期，平原地区林业经济功能的充分发挥，加速了林业产业经济的快速增长和林业产业结构的转变。

据不完全统计，截至 2005 年，全国平原地区林木覆盖率达到 11.02%，活立木蓄积量达到 10.03 亿立方米。平原地区木材产量为 2429.15 万立方米，占全国木材总产量的 43.7%。经过多年的发展，平原地区林业及相关产业已在当地经济发展中占有重要地位，也为平原地区国内生产总值增加做出了显著贡献，2005 年平原地区林业总产值 3324.16 亿元，占全国林业总产值的 39.29%。

平原地区林产加工业发展迅速，木浆造纸、集成材、纤维板和中密度纤维板、刨花板、胶合板产量快速增长。浙江省已有 500 多家林业龙头企业，年销售收入 150 多亿元，形成了木材加工、竹业加工、花卉苗木、经济林四大主导产业。山东省木材加工企业已达到近 3 万家，年加工木材为 1100 万立方米，产品主要有胶合板、刨花板、中密度纤维板、桐木拼版、家具等，河北、江苏等地林产工业也发展迅速。由此，平原地区林业产业发展迅速。但是平原地区林业产业的质量不高，大多数省份林业企业还不具规模效益。

平原地区林业产业迅速发展的同时，产业结构也进行了不断的调整。尤其是农林间作、农田林网等复合经营模式的发展，加速了平原地区林业产业结构的整体调整，对农业、畜牧业和种植业产生了较大影响。国家林业局经济发展研究中心对江苏省淮安县 1991 ~ 2001 年的数据进行了分析，结果表明，森林资源扩展对种植业发展起到一种消极作用，对畜牧业产值和农业总产值的影响为正值。也就是说，森林资源培育促进了畜牧业和整个农村发展。其中，农田林网对畜牧业的影响最大，其次是对农业的影响，对种植业的影响最小。平原地区林业经济的快速增长和产业结构的调整，必然要求系统地对平原地区林业的经济功效进行分析和评价。同时，从我国对平原地区林业发展的定位来看，经济贡献是平原地区林业三项服务功能之一。但我国平原地区幅员辽阔，自然条件和生产力发展水平差异很大，平原地区林业受到这种双重影响更为明显。因此，对林业产业结构的研究应从当地实际情况出发，区域林业产业结构合理化不仅是区域经济发展的核心内容，也是全国林业产业结构的内容(邓伟根，2001)。因此，林业经济的发展，必然要求对平原地区区域林业经济进行全面系统的分析和评价。

1.2 研究目的和意义

本著作主要运用理论与实证相结合的方法，在对全国26个省(自治区、直辖市)177个市868个县进行调查的基础上，将平原地区分六大区域，进行平原地区林业经济功效评价。结合平原不同区域特征，研究平原林业的产业规模效益，寻找不同区域林业经济增长点。在保证生态安全的基础上，实现林业产业稳定增长，以及林业产业可持续发展。同时，通过研究林业经济的产业结构，评价平原林业产业结构效益，分析研究林业与外部产业的关系，解决林业经济外部性问题，达到帕累托最优效率，实现社会福利最大化。

(1)研究对提高平原林业生态安全保障功能的认识具有重要意义。森林具有保持水土、涵养水源、调节气候、净化空气、防风固沙五大功能，具有生态、社会和经济效益。多年实践证明，布局合理的平原农田防护林和农田林网建设，可以改善农田小气候，减轻旱、涝、风、雹等自然灾害，保证农业高产稳产。

营造农田防护林对农田的防灾作用显而易见。首先，农田防护林具有防风的作用。凡是有林网的庄稼不怕大风袭击。在遇到强烈暴风后，早稻亩产仍达千余斤。内蒙古自治区赤峰市曾发生持续3天大风，阵风达11级，耕地受灾达403万亩，风蚀表土达20厘米，农作物重播面积达150万亩，但与之相邻的松山区太平地，因有农田林网的防护，6.5万亩农田安然无恙，仅在林带缺口处的耕地进行了重播。1978年夏季，山西省刮了3天的干热风，夏县、河津、闻喜3县的试验证明：林网内小麦比无林网地的小麦千粒重提高10.1%~14.7%，产量提高22.1%~31.7%。在广东、江苏省造农田林网，同样有显著效益。二是防旱，大片的网络林能贮藏水分，可以把水分输出给作物吸收。实践证明，在严重干旱年份，林网的棉花地亩产皮棉仍可高125千克以上。三是防止水土流失。在挖沟、修路、建渠栽树后，由于意杨的根盘大，固沙固土力强，能较好地控制水土流失。因此充分开拓沟、渠、路、堤营建速生丰产网络林有其多重功效。但由于平原地区林业有占地、胁地的负面作用，导致人们对其在生态安全保障方面的巨大作用认识不足，部分地方经营管理的积极性不高，削弱了平原地区林业作用的发挥。开展平原地区林业经营功效的评价研究，有助于从平原地区林业经济体系入手，引起对平原林业生态体系的广泛重视，可为平原林业的经营管理提供直接利益支撑，从而使其能更好地发挥生态安全保障的作用。

(2)研究对保障粮食安全，解决“三农”问题具有重要意义。平原林业在保障生态效益的同时，对粮食增产也起到了关键作用。全国在大面积农田防护林建立以前，每年小麦因干热风危害的受灾面积约占麦播面积的50%，因灾减产约占20%～30%，最高达70%。大面积平原农田防护林体系基本形成后，农业年增产幅度为18%～22%。因此，在平原农区发展林业，对平衡生态系统，促进农业高产、稳产，维护粮食安全都有着重要的现实意义。

农林复合型经营为粮食增产解决“三农”问题提供了有效的经营模式。山东省单县的林农间作试验证明：无论是纯种林木还是进行林农间作，其经济利益都远高于纯种粮食的收益。从2001年以来，农村林业人均收入年平均增长率为13.6%，而农村农业人均收入的年平均增长率为8.6%，相差了5个百分点。平原地区林业经济功效评价，有助于分析林业和农业的关系，对提高我国粮食产量，促进农业可持续发展，提高农民收入，具有重要的现实意义。

(3)研究对于解决平原林业经济外部性促进社会福利增加具有重要理论价值。平原林业经济的快速增长，出现了经济的负外部性效应。河北省2007年的人造板企业达到了2550家，林木价值随之提高。因此，农民由于受到利益驱动，产生寻租行为，必然会增加林木种植而减少粮食生产，导致林业产业的快速发展，使种植业比例下降，产生了林业经济的负外部效应。而同时木材供需缺口产生瓶颈，必然要求林业快速发展。由此，对平原林业地区经济功效的正确评价，分析平原林业经济外部性，对促进整个社会福利的增加具有重要的理论价值。

(4)研究可作为制定林业产业政策提供的理论依据。本著作将平原林业分为六大区域，从中观层面分析平原地区林业经济的产业规模和产业结构，并进行效益评价。通过研究，提出可行的林业产业政策建议，有利于促进我国林业产业参与国际竞争，提高组织效率和核心竞争力，有利于扩大就业规模，促进农村经济结构的合理调整。通过区域经济的研究，提出不同区域林业产业的经济增长点，实现和维护林产品的长期供求平衡，提高林业产业的经济增长，推动林业产业由粗放型增长向集约型增长的转变，进一步为林业产业政策的制定和完善提供理论依据。

1.3 研究框架和内容

本著作在对平原地区林业经济功效评价相关文献综述的基础上，以平原林业的经济功能为切入点，运用经济学、统计学和社会学等学科的相关理论、模型和方法，采用规范分析和实证研究相结合的技术路线，系统地对平原林业经济功效进行分析和评价。

本著作主要从基础层、评价层和目标层 3 个层面，对平原地区林业经济功效进行研究（如图 1-1），具体内容主要涉及以下几个方面：

(1)基础层面的研究。基础层面的研究涉及两章内容。

第一章主要是对平原地区林业经济功效评价的研究进行统筹安排和规划。即对本研究进行框架设计，在进行相关领域文献综述的基础上，进行调查方案的设计和验证，并进行资料和数据的基础分析和整合。在这里需要重点说明的是，本书调查方案从设计到实际调查经历了 3 年时间，数据源涉及平原地区六大区域，26 个省（自治区、直辖市）177 个市 868 个平原县、半平原县和部分平原县，是首次在全国范围内对平原林业进行摸底和系统经济分析与研究。

第二章，研究基础。从理论上，首先界定本书的相关概念和研究范畴，进一步确定研究假设，为本书的深入研究奠定基础。

(2)评价层面和目标层面的研究。本著作通过评价层面的研究达到目标层。评价层面的研究涉及第三章到第七章的内容。第八章通过评价层面的研究，进行目标层面的结论总结，并针对问题提出建议。

第三章，分析平原地区林业经济的特点、影响因素和资源禀赋。本章重点分析平原地区林业的经济产出，从木材资源和非木材资源两个方面进行分析，同时重点分析农田林网、农林间作等复合型经营现状。

第四章，平原地区林业经济功效评价的研究方法，采用统计方法，应用 SPSS 软件，进行平原林业经济功效指标选取并进行基础性评价。

第五章，平原地区林业经济功效的规模经济评价，利用产业的规模经济学原理和平原地区林业经济的影响因子进行分析和评价。

第六章，平原地区林业的产业结构效益评价。本章主要对平原地区林业经济进行组织分析，应用比较分析法，对平原地区林业产业的内部结构，以及与其他相关产业的关联度进行分析和评价。

第七章，基于利益相关理论的平原地区林业经济效益分析。这一章主要是通过平原地区林业的主要利益相关者，即政府、企业和农民，运用利益相关者理论，对 3 种利益群体参与平原地区林业经济的行为进行分析，并提出相关林业产业的政策性保障建议。

第八章，结论。基于本研究的目标，对本研究的方法和实证研究进行总结，指出本研究的创新和不足，并对下一步的研究工作进行展望。

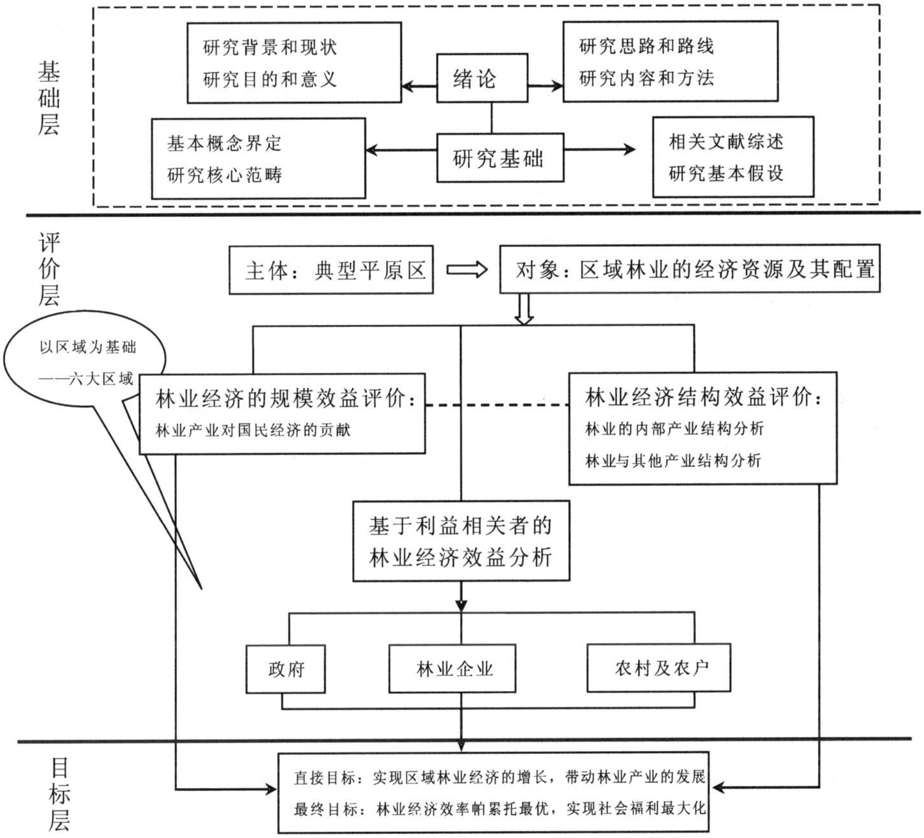

图 1-1　研究框架及内容

Fig. 1-1　Diagram of study frame

1.4　研究步骤与方法

1.4.1　研究的技术路线和研究步骤

本著作依据产业经济学、区域经济学、林业经济学的理论，主要采用文献研究、实证研究和规范研究，应用定性结合定量的方法，进行平原地区林业经济功效的评价。具体分析步骤有 4 步：第一，确定选题。在大量查阅资料的基础上，总结平原地区林业经济评价方面的不足，确定选题。第二，调查设计和实地调研。根据选题，进行调查方案的设计，包括调查表格和调查问卷的设计。然后选择调查地域，进行样本县的预调查，验证调查方案的可行性，并修改方案。最后，对调查人员进行培训，并进行实地调研。第三，资料整合与数据处理。通过实地调研，进行定性资料的整合和定量数据的录入、核对和分析。第四，研究成果的撰写。结合所选择的理论框架、数据分析和文献资料，选择理论方法，进行模型的构建，通过定量和定性分析相结合，进行研究成果的撰写、修改和定稿(如图 1-2)。

1.4.2 研究方法和数据来源

本著作主要按照 4 个阶段进行研究，在这 4 个阶段中，结合不同阶段的主要研究工作，采取的研究方法也不同(如图 1-2)。本书主要依据产业经济学、区域经济学和林业经济学的基本理论，采取指标分析法、主成分分析法、聚类分析法、因子分析法、灰色关联度等方法，进行平原地区林业经济功效的分析和评价。

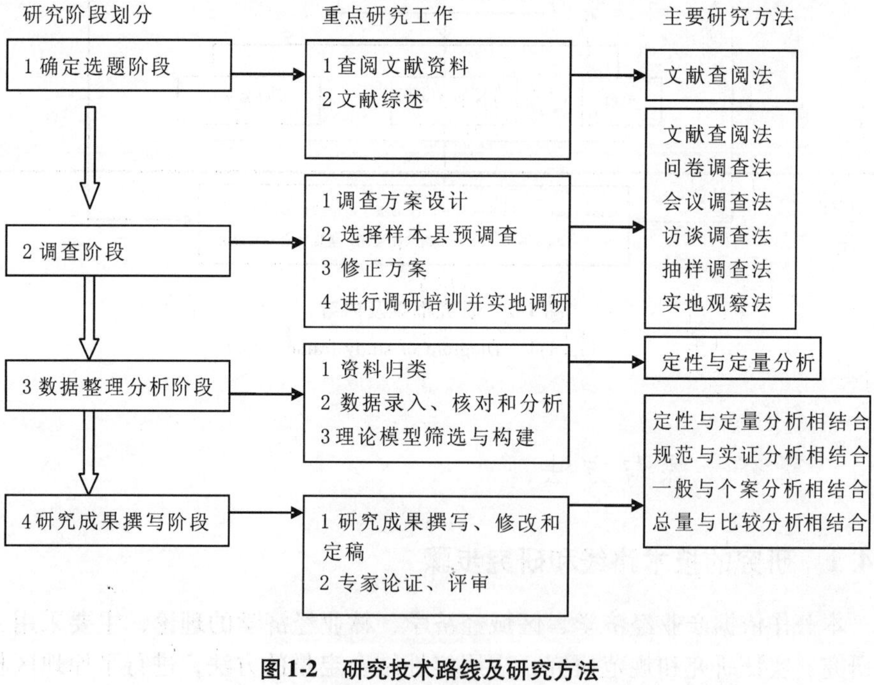

图 1-2 研究技术路线及研究方法

Fig. 1-2 Diagram of research methodology

本著作是在国家林业局支持的林业公益性行业科研专项项目“典型平原区生态安全林业保障体系构建机理及功效评价研究”(项目任务书编号:200804008)的支持下完成的。支撑本研究的主要是全国26个省(自治区、直辖市)177个市868个县的实际统计数据，根据自然地理条件和统计的可行性，将全国26个省(自治区、直辖市)分为华北地区、东北地区、华东地区、中南地区、西南地区、西北地区六大区域。不含香港特别行政区、澳门特别行政区和台湾地区，我国共有32个省份(包括23个省，5个自治区，4个直辖市)，样本省份已占全部省份的81.25%。在全国平原绿化工程建设规划中，共958个县，样本县占县总数的90.6%。因此，样本数据对论文的分析具有很强的代表性，能够反映全国的普遍情况。

1.5 小 结

本章内容主要是对平原地区林业经济功效评价的研究进行介绍。由于平原地区是木材生产和粮食生产的重要基地，同时承担着生态安全和粮食安全的双重任务，平原林业的发展对国民经济的增长起到了重要作用。平原地区林业生态的发展也带动了林业产业的快速发展，为林业经济增长做出贡献。但是林业产业依然存在林业内部三次结构不合理，林业产业不具规模经济效应，平原地区区域林业经济差异大，林业经济负外部性等诸多问题。在这样的背景下，解决这些问题，对平原林业的区域发展、解决“三农”问题、促进农民增收、调整农村产业结构，保障平原地区生态安全和粮食安全都具有重要意义。本书主要运用理论与实证相结合的方法，对全国26个省(自治区、直辖市)177个市868个县进行调查的基础上，将平原地区分6大区域进行平原林业经济功效评价。结合我国平原不同区域，研究平原地区林业的产业规模效益，培植不同区域林业经济增长点，在保证生态安全的基础上，实现林业产业的稳定增长，以及林业产业的可持续发展。

本著作依据产业经济学、区域经济学、林业经济学的理论，主要采用文献研究、实证研究和规范研究，运用定性结合定量的方法，对平原林业经济功效的分析和评价。本研究具体研究步骤有4步。第一，确定选题。第二，调查设计和实地调研。第三，资料整合与数据处理。第四，研究成果的撰写。本书主要依据产业经济学、区域经济学和林业经济学的理论，在评价方法上，采取指标分析法、主成分分析法、因子分析法、聚类分析法和灰色关联度等多种方法，对平原地区林业经济功效进行分析和评价。本书内容分为8章，从基础层、评价层和目标层3个层面对平原地区林业经济功效进行评价。本书的完成，源于林业公益性行业专项科研项目的支持。即："典型平原区生态安全林业保障体系构建机理及功效评价研究"（项目任务书编号：200804008）。支撑本研究的主要是全国26个省（自治区、直辖市）177个市868个县的实际统计数据，根据自然地理条件和统计的可行性，将全国26个省（自治区、直辖市）分为华北地区、东北地区、华东地区、中南地区、西南地区、西北地区六大区域。样本县占县总数的90.6%。因此，样本数据对本研究的分析具有很强的代表性，能够反映全国的普遍情况。

2　研究基础

本章重点阐述本著作研究范畴，并对研究的相关概念进行解释和界定。在此基础上，对国内外相关文献述评。基于本著作的研究框架和内容，提出研究假设，从而为平原地区林业经济功效的分析和评价奠定基础。

2.1　研究的经济学范畴

本著作对平原地区林业经济功效分区域评价，这主要属于产业经济学、林业经济学和区域经济学三大核心范畴的交叉研究（如图 2-1）。在本著作中，还需要涉及其他多学科的理论，如微观经济学、宏观经济学、产权经济学、制度经济学、统计学、信息经济学、林业政策学、环境经济学、农业经济学、财务管理学、博弈论等相关学科的理论知识和方法。

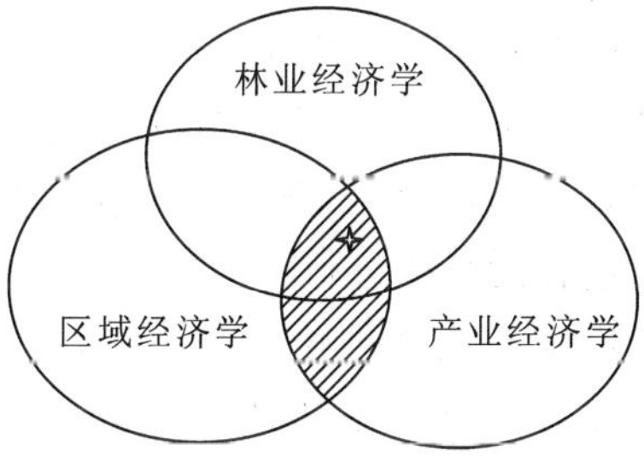

图 2-1　主要研究范畴

Fig. 2-1　Research Domain

2.1.1　产业经济学

林业经济功能的有效发挥与林业产业的发展是密不可分。本著作重点分析平原地区林业产业的规模经济和经济结构，属于产业经济学的范畴。

产业经济学（Industrial Economics）又称产业组织学或产业组织理论（Industrial Organization），属于应用经济学科。产业经济学的产生源于美国 20 世纪 30 年代，主要研究领域为产业组织、产业结构、产业关联和产业布局（干春晖，2006）。以哈佛大学经济学教授梅森（E. Mason）和贝恩（J. Bain）为主要代表的学者，对产业经济学做出了重要贡献。他们提出了著名的 SCP 范式，即“市场结构(structure)—市场行为(conduct)—市场绩效(performance)”范式，并将这3个范畴与国家的公共政策联系起来，规范了产业组织理论体系(马广奇，2000)。之后，各国很多经济学家对 SCP 不断进行修正。谢勒(Scheler)在1970年出版了《产业市场结构和市场绩效》，提出了完整的“结构-行为-绩效”范式。随后哈佛学派、芝加哥学派和新奥学派对产业经济学从组织理论方面进行了不断地发展和完善。

产业经济学的研究方法主要有两种，即逻辑推演法和经验研究法。逻辑推演法常用分析方法有三种，即优化分析法、博弈分析法和投入产出法；经验研究法主要利用案例分析法和计量经济分析方法。

上述方法在林业产业经济的分析中得到了应用。杨云(2005)应用灰色关联度理论对福建省林业产业结构进行研究。张爱美(2009)应用灰色动态关联理论对吉林省林业产业结构进行了分析和研究。投入产出法用于林业产业的分析很少，多见于对林业工程的分析。陶黎等(2006)应用投入产出方法对江西林业产业关联特性进行了分析。奉国强等(2003)对陕西省略阳县农户在陡坡耕地上种植粮食和各种经济林的投入产出进行了计算，并分析了林产品价格变动、投入要素价格变动和基准折现率对农户收入和经济林净现值的影响。侯军岐等(2002)从投入产出角度，以常规树种为例，比较分析了黄土高原地区退耕还林还草的经济效果。柯水发(2007)应用经典博弈理论和进化博弈理论对我国农户参与退耕还林的行为进行了博弈分析。

本著作主要应用灰色动态关联理论对平原林业地区的产业结构进行分析和评价；应用博弈论对平原林业产业主体的组织行为进行研究。因此，产业经济学的理论和在林业中的实践，为本研究奠定了非常重要的基础。

2.1.2 区域经济学

本著作主要按照全国六大经济区域进行平原林业经济功效评价，属于区域经济学范畴。区域经济学(Economic Geography)始于第二次世界大战后的20世纪50年代，其渊源追溯到德国经济学家杜能1826年出版的《孤立国同农业和国民经济的关系》。区域经济学是由经济学和经济地理学以及产业布局的交叉学科。20世纪80年代后期，我国对区域经济学的研究开始兴起。

区域经济学作为一门应用经济学，是建立在经济地理学基础上，运用经济学的基本理论和方法研究空间问题，即地理位置、自然资源环境条件对人们经济活动和相应资源配置过程的制约和影响，是一门关于人的空间经济活动规律和经济的区域秩序和区域组织的学科。

区域经济学的研究对象是区域经济体系，主要研究任务是考察决定区域内经济发展的主要因素和区域间经济发展的交互作用进程，描述和评价区域经济结构的形成及变动趋向，揭示资源空间配置过程和经济主体的空间经济活动规律。具体包括3个主要方面：经济活动的空间分布(结构)、生产要素、货物和服务的区域间流动(相互作用)、区域经济发展动力(过程)(陈秀山等，2007)。

不同学者运用区域经济理论和方法于林业产业的研究。高淑媛(2006)运用多元统计方法和SPSS工具，对北京区域林业经济发展影响因素进行了量化分析和研究，研究结果认为，影响北京区域林业经济发展的主要因素有供给因素(生产资料投入和人力资本)和需求因素(非木质林产品消费和国家投资)。张华(2007)运用主成分、聚类分析法对我国区域林业发展的非均衡进行研究并提出相关政策性建议。柯水发(2009)主要通过生产要素和资源禀赋对我国区域林业非均衡发展进行了研究。

本研究主要应用区域经济学的原理，将平原地区林业的经济功效按照区域规划中的六大区域进行分析和评价。主要对六大经济区域内的经济发展现状进行评价，并通过区域主要因素的分析，分析区域和区际的经济发展动力。上述这些区域经济理论和方法对本研究具有重要作用，尤其是主成分分析、聚类分析的应用，在本研究中都值得借鉴。由此，区域经济学的理论研究和方法应用为本研究奠定了基础。

2.1.3 林业经济学

本研究属于林业经济学范畴。林业经济学(Forestry Economics)作为一门独立的经济学科，产生于19世纪的瑞典。当时欧洲林业商品经济有了较大发展。由于把森林作为商品木材采伐和林产原料基地来经营，需要计算费用与效益，进行市场预测，从而推动林业经济的研究，逐步形成林业经济学的原理。20世纪初产生了一批有影响的林业经济学著作，如瑞典帕特森的《瑞典的林业》(1912)、哈密尔敦的《瑞典森林经济对策》(1915)等。随着林业商品经济的发展，需要进一步改善林业经营，加强管理，提高效率，节省费用，从而推动林业经济学向深度和广度发展，出现了如林政学、森林经理学、林业经济与组织学，以及木材税收、木材流通等各方面的著作。在欧美，形成了以德国为代表的森林永续经营利用学派，在亚洲形成了以日本为代表的永续经营保护学派。

20世纪20年代末30年代初，西方林业经济学著作才开始传入中国。根据建设具有中国特色的社会主义林业的要求，林业发展战略及科学预测、山区林业经济、林业生产经济效果评价、林业商品生产及流通、林业资金筹集及合理使用等问题将成为深入系统研究的重点。

本著作主要涉及林业生产经济效益评价的研究领域。关于林业经济效益评价方法，最常用的方法是指标分析法。这里的经济效益指广义经济效益，即包括林业的生态效益、社会效益和经济效益在内的综合经济效益。对林业的经济效益评价主要是对于工程的评价。宋志伟、支玲等(2009)对云南省新平彝族傣族自治县退耕还林工程进行了社会经济效益评价，从国家经济发展、地方经济发展和农民收入3个层面，选取社会就业、产业结构、农民科技素质、生活质量、投资水平、收入水平等方面的指标进行对比分析。李力(2006)对四川省北川羌族自治县退耕还林不同经营模式生态经济效益综合评价，建立了退耕还林生态经济综合效益、水土保持效益和经济效益3个层次的综合效益评价指标体系。蒋晓丽(2006)建立指标体系对河北省沽源县退耕还林工程经济影响评价研究，其指标筛选的方法是：确定指标收集来源，然后综合运用理论分析、频度统计、预调查筛选合适的指标，建立先验评价指标体系，再结合专家咨询方法及实地调查进一步筛选指标，最终建立沽源县退耕还林工程经济影响评价指标体系。郭磊(2006)从目标层、状态层、变量层和要素层4个层面，考虑了经济效益、社会效益和生态效益三大效益的京津风沙源治理工程的综合效益评价体系。

很多学者(周红，2003；李锐，2004；许传德，2004；李自勤，2006)对林业的生态工程运用指标分析法进行了综合经济效益的评价。还有些学者应用多目标决策确定指标体系，并利用决策中的二元对比法，引入七分法，确定各评价指标的权重(王金锡等，2005；王以彭，1999；魏邦龙，1997；卢铁光等，2003)。除了指标分析法，还应用模型的方法进行评价。刘定祥(2004)在研究退耕还林还牧系统模型中，用比较效益来分析最佳的土地利用机构，从退耕延迟和时间延迟两方面建立模型，讨论农户调整土里利用结构的比较效益。徐晋涛等(2004)在进行西部3省份农户调查的实证分析时，运用非观测效应数据模型，对退耕还林项目的效应进行评估。

本著作借鉴林业经济效益的综合评价方法，将从产业层面仅对林业经济效益进行分析和评价上述评价方法对本研究方法的选取具有重要参考意义。

2.2 相关概念界定

2.2.1 平原地区

平原是海拔较低的平坦的广阔地区，主要是由河流挟带泥沙进入低地堆积形成。主要特征是地势低平，起伏和缓，海拔大部分在200米以下，海拔0～200米的叫低平原，200～500米的叫高平原。平原的相对高度一般不超过50米，有的仅10～20米。平原的坡度一般在5°以下，有的不到1°或0.5°。

我国经济区划的研究主要有3种代表性观点。即十大经济区划分、六大经济区划分和三大经济区划分。由于本研究实地调研的数据是2001～2005年，考虑资料和数据与林业统计口径的一致性，按照《全国平原绿化工程建设规划(2006～2010)》，将平原按照六大经济协作区划分(见表2-1)。

表2-1 我国六大区域经济协作区

Tab. 2-1 Six Economic Cooperation Zone in China

经济区名称	地域范围
东北区	辽宁、吉林、黑龙江及内蒙古东部3盟1市
华北区 (黄河中下游经济区)	北京、天津、河北、山西、内蒙古中西部
华东区	上海、江苏、浙江、安徽、福建、江西、山东
中南区	河南、河北、湖北、广东、广西、海南、香港、澳门
西南区	四川、云南、贵林、西藏
西北区	陕西、甘肃、宁夏、新疆、青海

资料来源：根据《全国平原绿化工程建设规划(2006～2010)》和《区域经济规划》整理所得。

2.2.2 林业产业的概念

2.2.2.1 林业的定义界定

林业的定义在不同的工具书中有不同的定义。《辞海》中关于林业的定义是指培养和保护森林以取得木材和其他林产品，利用林木的自然特性以发挥防护作用的社会生产部门。包括造林、育林、护林、森林采伐和更新，木材和其他产品的采集和加工等。

《中国农业大百科全书》(林业卷)(1993)中关于林业的定义是培育、经营、保护和开发利用森林的事业。它是提供木材和多种林产品的生产事业，又是维护绿地生态平衡的环境保护工程。

马洪、孙尚清在《经济与管理大辞典》(1985)中关于林业的定义分为狭义和广义两种。狭义林业是指通过造林和营林以获得林木产品和其他多种经营效益的生产部门，是广义农业的一个组成部分；广义的林业概念除造林、营林外，还包括森林采伐、木材运输、木材加工、木材综合利用等具有工业性质的生产活动。

高岚、邱俊齐(2005)认为林业是直接经营(培育、保护和利用)森林资源的物质生产部门；同时，林业不只是向林地索取森林资源及其他林产品并进行加工利用，而且还要充分利用森林的生态功能，使其为社会提供生态效益和社会效益。

本著作所指林业的概念为广义概念，即林业作为国民经济中一个极其重要而又特殊的部门，该部门承担直接的物质性生产和间接性物质生产，又包括非物质性生产部门。

2.2.2.2　林业的特点

为了更好地研究林业的经济功能，还需要进一步阐述林业的特点。林业的主要特点有4点(高岚、邱俊齐，2005)。

第一，林业生产周期的长期性和自然性。生产周期的长期性以及与之相伴的自然力的独立作用是林业生产在自然方面的决定性条件。森林植物生长周期的长期性决定于生物(树木等森林植物)自身，自然力可以不消耗任何人的劳动而为人类提供丰富的资源。森林破坏容易，恢复难。这是历史的教训，也是林业生产周期长的必然反映。

第二，林业生产经营活动的风险性。林业经营活动的主要对象是有生命的生物资源，除自身的生物性特点所决定的季节性、地域性外，在其生长发育过程中，还受到各种自然灾害、社会因素和人为因素的破坏和干扰，其最终成果是很难预料的，同时林业生产经营活动带有较大的风险性。

第三，林业经营成果成熟期和效用的多样性。林业生产经营活动的基础是森林资源，森林资源中各种不同的生物种类有着不同的生产周期，长则十几年或几十年，短则1～2年；同时森林不仅能满足人类社会各种不同的需要，而且具有涵养水源、保持水土、防风固沙、调节气候和生物产品的基因库等多种生态服务功能，对改善陆地生态环境、维护生物圈的生态平衡起着重要作用。林业这一特点决定了林业生产经营内容的丰富性、资金运动的复杂性和效益的多样性。

第四，森林经营的社会公益性。森林的多种生态服务效用，在目前情况下更多地反映出公益性的特点，使得森林经营的影响范围扩大。森林的经营需要及合理与否，在很大程度上要在大范围内、地区内或全国范围内予以考虑。

综上所述，森林是一种可再生资源，它的生长周期的长期性和生长的自然性、功能的多样性、经营的风险性和社会公益性便成为林业生产的基本特点。

2.2.2.3 林业产业的概念

本研究的林业为广义的概念，因而林业产业也是一个广义的概念。

西方经济学中“产业”(industry)的含义，一般是指国民经济中以社会分工为基础，生产具有一定替代关系的同一类商品生产者的集合。“产业”概念是介于微观经济组织和宏观经济组织(国民经济)之间的“集合概念”，产业作为经济单位，既不属于客观经济所指的国民经济，也不属于微观经济所指的企业经济活动或居民消费行为。它介于宏观经济与微观经济之间，属于中观经济(范金等，2004)。在中国的学术传统中，产业的概念是指计划经济中的“行业”、“部门”，因而在我国产业既可泛指国民经济中各个产业部门，也可以更具体化于行业部门(干春晖，2006)。在实际应用时，产业有两个特征：第一，基于分析目的不同，从需求角度来说，是指具有同类或相互密切竞争关系和替代关系的产品或服务；从供应角度来说，是指具有类似生产技术、生产过程、生产工艺等特征的物质生产活动或类似经济性质的服务活动。第二，产业的划分应立足于现实的可行性。

林业作为国民经济的一个部门，它包括物质生产和非物质性生产。林业产业是一个宽泛的定义，它包括国民经济中的一、二、三产在内具有一定替代关系的同一类商品(主要是森林资源)的生产者的集合。具体包括6个方面，即生物性物质生产、采伐采集性物质生产、工业性物质生产、间接性物质生产、非物质性生产、为科研、教育服务，建立教学与科研基地(见表2-2)。由这6类林业产出构成了林业产业体系。

表2-2 林业产业体系

Tab. 2-2 Forestry industry systems

产业属性	生产类型	举例说明
第一产业	生物性物质生产	森林培育
	采伐采集性物质生产	森林采伐、经济林产品的采集、野生动植物采集和猎取动物等
	间接性物质生产	各种防护林体系

（续）

产业属性	生产类型	举例说明
第二产业	工业性物质生产	木材和林产品加工
第三产业	非物质性生产 科研、教育服务	森林公园、风景林、风景区 建立教学和科研基地

资料来源：根据高岚主编的《林业经济管理学》(2004)整理。

2.2.3 林业的经济功效与林业的经济效益间的关系

林业生产主要产出是森林资源，森林资源主要具有三大功能，即经济功能、生态功能和社会功能。林业的经济功效是基于林业经济功能而产生的效益。林业的经济功效是以林业产业为依托，主要体现为林业的产出直接出售或经过加工，通过市场交易并能以货币表现的经济价值(如图2-2)。

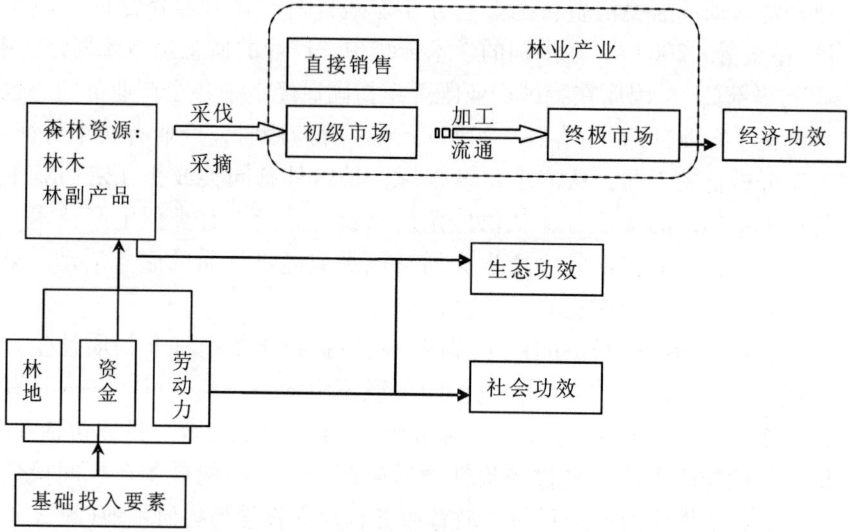

图2-2 林业经济功效的机理

Fig. 2-2 Mechanism on economic function and benefit of forestry

林业的经济效益，分为狭义和广义两种。广义的概念是指林业集经济功能、生态功能和社会功能为集合而共同发挥经济直接和间接效益的总和。而狭义的经济效益是反映人们在经营林业生产过程中，投入对产出、所费对所得的相互关系比较，它表现为营林生产、森林采伐运输、木材加工和林产化工等一系列林业经济活动合乎目的的程度，包括满足人们需要的物质效果和经济利益(高岚等，2004)。

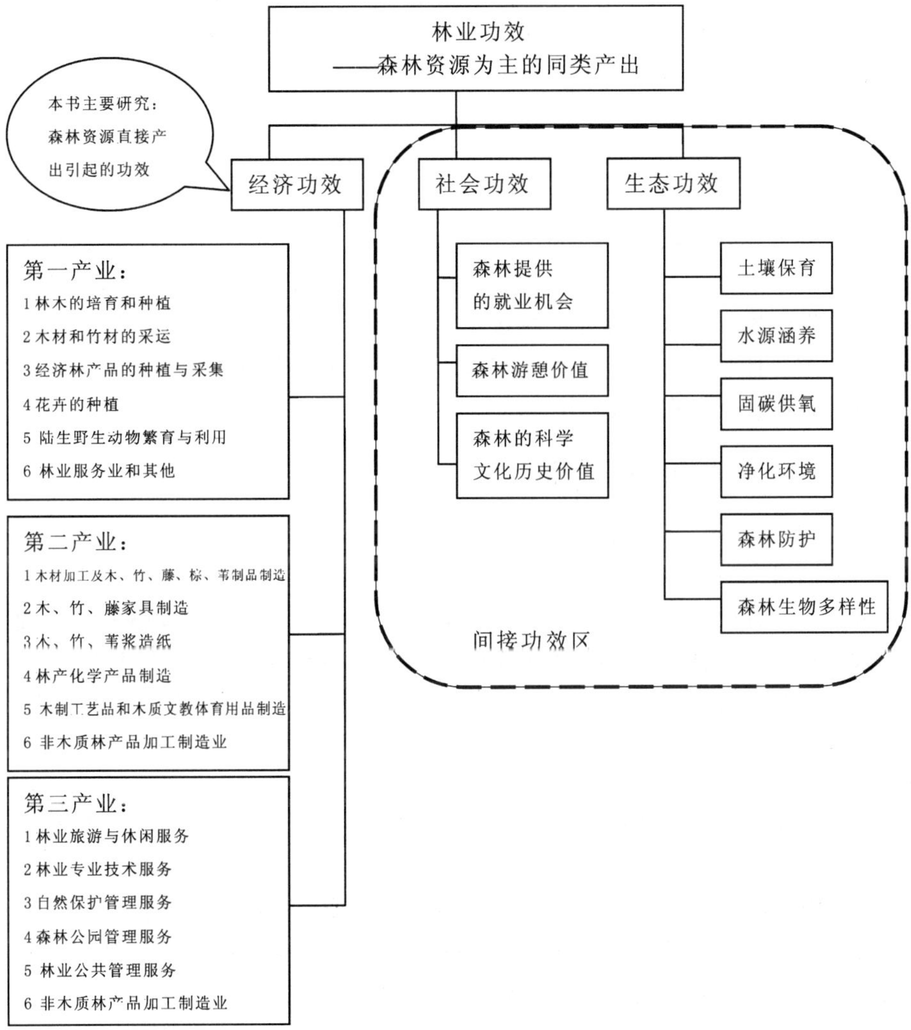

图 2-3　林业三大功效图

Fig. 2-3　Functions of Forestry

本著作采用林业经济效益的狭义概念，林业的经济功效等同于林业经济效益的狭义概念，本著作采用“平原地区林业经济功效评价”这个题目，能够更突出林业的经济功能，体现本著作研究的核心是基于林业经济功能的平原地区林业产业效益评价，评价内容不包括林业生态功能和社会功能。目前大量研究证明对于森林资源的生态功能和社会功能进行林业效益评价的计量结果比经济效益大得多，但是森林资源的生态功能和社会功能的货币化是极其复杂而又难以准确计量，因此，本著作主要研究林业的经济功能，在对平原地区林业经济效益进行分析和评价时，生态效益和社会效益不包括在内。

2.3 国内外相关研究介绍

本部分重点介绍林业产业的经济研究和林业经济功效的相关利益者两个方面。由于本书将林业经济功效评价，主要界定在林业产业层面，因而具体从林业产业的投入要素、林业的规模经济、林业产业结构和林业产业政策4个方面介绍；林业经济功效的相关利益者，主要从3个重要利益相关者进行介绍，即政府、企业和林农。

2.3.1 林业产业的经济研究

2.3.1.1 投入要素与经济发展的研究

产业的研究与区域是不能分离的。在区域经济中，区域经济活动得以正常运转，一要有投入，如土地、资源、资金、劳动力、技术、设备等生产要素的投入；二是要有产出，即对产出的物质、非物质产品和服务有消费需求。前者即所谓的供给，后者即所谓的需求。需求对区域经济发展具有一种拉力，而供给对区域经济发展又产生一种推力，在需求拉动和供给驱动的双重作用下，区域经济才能得以启动并逐渐发展起来。因此，需求和供给是启动区域经济增长的原动力，是区域经济发展的内在因素，对区域经济发展起着决定性作用(张敦富，2003)。

需求能力取决于投资和消费水平。消费是对现有产品和服务的需求，它可直接带动区域经济增长和发展。而投资(储蓄)虽然抑制了当前消费，却能在可预期的未来创造更高水平的消费，所以储蓄越高，潜在的投资水平及产出增长就越高，从而潜在的经济增长率也就越高。需求固然重要，但是没有供给，即使需求再大，区域也无能力生产出市场所需的产品，提供市场所需的服务，区域经济也无法增长和发展。

区域供给能力主要取决于4个方面的因素：①可获得的生产要素投入量及其生产过程，包括原材料、机器设备、劳动力、资金、土地及各种自然资源的供给，其中土地、劳动力和资本是制约区域经济增长的关键因素。②与生产要素相关的生产技术。拥有先进生产技术的地区，其经济发展必然快于技术落后地区。③生产过程中经济规模的合理性，生产过程中规模经济的实现，将降低产出增加的平均费用，引起区域经济的发展。④生产组织管理方式，大规模、专业化的生产组织形式以及通讯技术和专家服务的持续发展，大大提高了生产的管理效率和经济效益(张敦富，2003)。

区域经济发展除受供给和需求等内因的制约外，还受产业结构、产业布局和生产要素区际流动等外因的影响。外因主要指生产要素和商品的区际流动和区际经济核心的相互作用程度。包括区际之间的投资和贸易水平、劳动力和知识技术的转移等。此外，区际间的经济核心作用方式和相对区位也是关键影响因素之一。

很多学者从投入要素对林业产业进行的研究，多是研究一个要素或几个要素，全面研究得不多。较为全面的是高淑媛(2005)在其硕士论文“北京区域林业经济发展影响因素的量化分析”中，系统地对北京区域林业经济发展的影响因素进行分析，作者将影响北京区域林业经济发展的影响因素分为内因(需求、供给)和外因，并选取了相应的量化指标。在此基础上，论文收集了1993～2004年12年的相关数据，采用多元统计分析方法中的典型相关分析，对北京区域林业经济发展的影响因素进行了量化分析。论文突破了以往研究中对林业经济发展的一元化分析，以增长代替发展的分析以及定性多定量少等分析模式，从多指标入手，综合分析了各类影响因素对林业经济发展的影响，探索出了一套多元化分析的思路。最后，论文研究认为，影响北京区域林业经济发展的主要因素为：需求因素有非木质林产品消费和国家投资；供给因素主要包括生产资料投入和人力资本；并且指出区域的发展状况也是主要的影响因素。论文还提出了应建立北京绿色产业体系、加强生产要素投入和促进人力资本增加等政策建议。

在平原地区林业经济功效评价研究中，可以结合平原地区林业经济的影响因素对林业经济的发展进行分析和评价。

2.3.1.2 林业产业发展的理论与实践

(1)林业产业化进程。周生贤(2003)对林业产业的发展现状作了高度概括：从总体上看，中国林业仍是国民经济和社会发展中一个严重滞后的薄弱环节，仍处在社会主义初级阶段的较低层次。

为了加速林业产业化进程，我国提出到21世纪中叶，要全面建成完备的林业生态体系和比较发达的林业产业体系，这既是我国林业建设的总体目标，更是全面发挥林业作用的现实需要。

首先，“两大体系”之间存在着密切的相互依存和相互独立的关系。林业生态体系的建设以发挥森林资源的生态功能为主，而林业产业体系以发挥森林资源的经济功能为主。生态功能的发挥有赖于森林资源总量提高和结构改善，经济功能的发挥则要依靠森林资源的消耗。二者相互依存、相互协调，共存于林业这一大系统之中(耿玉德，2002)。

其次，林业产业化是实现“两大体系”建设的有效途径。林业产业的发展需要经济效益和生态效益相结合，符合林业“两大体系”建设的要求，一方面以追求生态效益为前提，另一方面要不断发挥林业产业经济效益的初衷。

(2)林业产业规模理论与实践。国外对规模经济的研究，从其实践和应用方面的研究来看，主要集中于企业最佳规模确定、规模经济利用方式以及产业集中与垄断等问题上。在企业微观经济规模的确定上，会计法、工程分析法等可能更为实用。计量经济学方法是一种精确的测算方法，但应用中的主观假定和理想化处理，限制了它的实际应用。学者们还提出了一些实际总结出来的经验方法，如穆尔的0.6法则(即规模增加引起的成本等于生产能力增加倍数的0.6次方)、科曼诺和威尔逊的MES(最小有效规模)方法等。相对于其他方法，施蒂格勒的生存检验法抛开了具体的技术因素，更强调实践的检验作用，认为在长期竞争中能够生存下来的企业规模是最佳的。企业实际最佳规模的确定是复杂的、具体的、变化的。企业规模要综合反映行业生产技术、预期市场规模和需求弹性，是战略、成本、收益、组织管理能力和不确定性等因素综合作用的结果。

关于规模经济的利用问题，按照产业组织理论的创始人贝恩的说法，一开始就有两种观点，一种学派认为规模经济与厂商有关，尤其与大企业有关。由于产业竞争性的存在，往往会出现兼并以保护大厂商的利益，而形成规模经济。该学派代表人物有菲得勒、康芒斯、熊彼特等。一种学派以奈特、西蒙斯为代表，认为小厂商也能够利用规模经济，不存在真实的或货币的规模经济。从规模经济的演变来看，派恩认为科学技术的发展和竞争形势的转变，企业的竞争战略将逐步由大规模生产向大规模定制转变，从而实现能同时兼容规模经济和范围经济的集成经济。

关于规模经济问题研究的另一个重要问题是规模经济效应的度量。由于技术进步测量方法比较成熟，而规模经济效果长期以来一直被包含在技术进步之内未加区分，规模经济的度量实际上是一个科技进步与规模经济效应的合理分离问题。规模经济的度量问题最早起因于美国著名学者索洛(Robert Solow)，他最早发现技术进步的度量方法。索洛承认规模经济效应的存在，但认为规模经济不可能从全要素增长率中分离出来，因此他考察技术进步贡献的方法，基本理论前提就是规模报酬不变和技术中性。由于规模经济效应是行业和企业普遍存在的一种现象(哈尔迪等发现大约95%的设备遵循规模报酬递增规则)，以索洛余值法考察技术进步缺乏足够的代表性和典型性，不可避免地夸大技术进步的作用。国内学者对规模经济的研究，从国内对产业组织和规模经济的研究来看，魏成龙等(2009)运用理论与实际相结合、定性与定量相结合的方法，从规模分布、集中度、规模结构及变动趋势分析的基础上，分析我国企业规模状况、规模经济状况，认为通过企业兼并发展大型企业集团是我国高质量、快速增长企业规模的主要途径。乔梁(2000)考察了企业并购中的规模经济问题，特别是从不同角度分析规模经济的实现形式，总结出了西方企业并购中的规模经济演绎规律，并具体应用于我国企业规模经济问题的研究，提出了不少建设性意见。毛林根(2010)针对我国企业规模不经济的状况非常严重，建议利用产业政策，促进有效竞争，建立垄断竞争和寡占型市场结构，实现以大企业带动中小企业实现专业化和合理协作。

在实证研究方面，殷醒民等(1996)发现，20 世纪 80 年代末 90 年代初我国产业集中度与利润率存在正相关关系：中国产业经济研究会于 20 世纪 90 年代初对我国汽车、水泥等 23 种主要产品的经济规模进行了测算。仇保兴(2001)针对学术界企业规模经济研究的尴尬状况，认为小企业长期存在说明它的规模是最佳的，小企业同样也能够获得规模经济。陈小洪(1990)探讨了经济规模的测量方法，并研究了 20 世纪 90 年代初期我国的产业规模经济状况。金祖钧(2000)认为信息经济时代规模概念有所淡化，但规模经济并没有过时，规模经济必须与知识经济紧密结合等。左相国(2003)则从产业角度而非微观角度，抛弃了传统的产业集中等分析方法，寻求产业发展的不同阶段对应的规模结构，提供了一种研究规模经济问题的新思路。梁小萌(2000)通过对规模经济、产业集聚及区域协调三者之间及其与竞争优势的相关性分析，探讨了我国产业优势成长的有效途径。刘继生(2000)在对中国电池工业的发展战略进行研究时，认为中国电池工业缺乏国际竞争力的重要原因在于电池产业规模不大、技术创新能力不强、管理水平普遍落后等因素，并提出以技术创新为源泉、以规模经济求发展的发展思路。吴文洁(2001)从 3 个角度明确了炼化产业是竞争性产业的基本性质，并认为炼化产业的特征之一是该产业规模经济效益显著。赵登峰(2003)以深圳为例，说明了在开放和创新基础上形成外部规模经济是产生强大城市竞争力的根本原因，培植关键产业的城市集群是提升城市未来竞争力的政策取向。潘正彦(2004)通过对我国保险业市场结构和市场绩效的实证分析，得到的基本判断是：国有保险公司的独家垄断开始打破，市场垄断正在发生结构性变化。同时我国保险业存在一定的规模经济效益，但规模经济水平较低。杨雪琴(2004)通过计量分析，认为中国汽车工业不存在规模经济，生产规模对利润的贡献比较小，中国汽车业应该尽快强强联合，实行兼并重组，组成几家大规模的企业集团，扩大生产规模，提高竞争力。赵紫剑(2004)对规模经济与银行业发展问题进行了综述。

此外，很多学者分别就中国烟草企业、饭店业、乳品市场、轿车工业、江苏井矿盐产业、民航运输业、钢铁产业、重点钢铁企业、化工产业、教育产业、自来水行业的规模经济问题进行了探讨。这些探讨对林业产业的规模经济研究是有借鉴意义的。

我国单纯研究林业产业规模经济的研究并不多见，而且比较零散。耿玉德(2002)认为，我国林业产业的规模不断得到扩大，具体从以下3个方面中体现。第一，我国近年来林业产业规模不断扩大。第二，林业产业内涵进一步丰富。近年来，我国森林食品、花卉竹藤、森林旅游、野生动植物繁育利用等新兴产业快速发展，林业生物质能源、生物质材料、生物制药等蓬勃兴起。第三，林业产业区域特色明显，产业集中度不断提高。宋维明、印中华(2009)定量分析了中国林业产业在产业规模、劳动力成本、进出口和技术创新等方面存在的问题，认为规模化经营是产业形成可持续国际竞争力的关键；由于市场作用的局限性，政府应在规模化发展中起主导作用，并提出了中国林业产业规模化发展的支持性政策体系。关于林业规模经济较为系统的研究，黄晓玲等人(2008)在《林业规模经济的非线性均衡》一文中，将林业规模经济分为两类，即林业经济效益的规模经济和林业综合效益的规模经济；采用了非线性方法，通过添加随机扰动项，试图更为精确地反映林业三大效益之间存在错综复杂、相互联系、不可分割的关系，并且通过运用拉格朗日函数构建数量模型，得出了林业综合效益的均衡条件。

(3)林业产业结构理论与实践。产业结构作为以往经济增长的结果和未来经济增长的基础，是经济发展的根本因素。产业结构演进表现为不断地由低级向高级变动，向产业结构的高度化、合理化发展。产业结构的演进具有一定的规律性，国内外学者对此已有广泛研究。

日本学者石川秀(1988)从方法上将产业结构理论方面的研究分为两种。广义地说，在结构变化的文献中存在着两种不同的方法。第一种方法试图使用经过选择的若干国家之间的横断面数据和时间序列数据，从统计上确认经济增长与结构变化之间的某些普遍联系。第二种方法是集中研究在相似的起始条件和经济制度下一批国家的历史经验，并且探索最好地说明所发生结构变化过程的理论。

①第一种方法的代表学者及其理论。产业结构演进理论的渊源可追溯到17世纪的英国经济学家威廉·配第。产业结构演进理论确立了各产业劳动生产率提高以及从低生产率向高生产率产业转移，是推进经济发展的根本机制。之后，英国经济学家科林·克拉克对产业结构理论作了开拓性研究。受配第的启发，依据费希尔提出的三次产业分类法，在1940年出版的《经济进步的诸条件》一书中，通过对40多个国家不同时期三次产业的劳动投入和总产出资料的整理与比较，指出随着全社会人均国民收入水平的提高，劳动力首先由第一次产业向第二次产业转移；当人均国民收入水平进一步提高时，劳动力便向第三次产业转移。人们把配第定律及其“印证”的结论合称为配第一克拉克定律。

美国经济学家库兹涅茨在克拉克等人研究成果的基础上，进一步改进了研究方法。库兹涅茨侧重于从三次产业占国民收入比重变化的角度论证了产业结构演变规律：在工业化起点，第一产业比重较高，第二产业比重较低。随着工业化进程的推进，第一产业比重持续下降，第二和第三产业比重都相应有所提高，且第二产业比重上升幅度大于第三产业，第一产业在产业结构中的优势地位被第二产业所取代；当第一产业比重降低到20%以下时，第二产业比重高于第三产业，工业化进入中期阶段；当第一产业比重再降低到10%左右时，第二产业比重上升到最高水平。工业化进入到后期阶段，此后第二产业的比重转为相对稳定或有所下降。在整个工业化进程中工业在国民经济的比重将经历一个由上升到下降的倒U型变化。

现代经济增长过程中，三次产业间的结构变动，总是同该国工业化和工业现代化过程相联系。德国经济学家霍夫曼对工业化尤其是重工业化问题进行了开创性研究，他提出的工业化阶段理论，被称之为“工业化经验法则”。在其代表作《工业化的阶段和类型》(1931)中，对英国产业革命以来50年间(1880~1929) 20多个国家的工业化进行了实证分析，后来在1958年出版的《工业经济的成长》一书中，又根据以后的工业化实践资料，进一步阐述了工业部门间结构变动的一般类型。并提出一个基准——霍夫曼比率，即消费品工业净产值与资本品工业净产值之比，据上述情况，将工业化过程分为4个阶段：第一阶段，消费品工业占主要地位，霍夫曼比率为(5±1)；第二阶段，资本品工业快于消费品工业增长，达到消费品工业净产值的50%左右，霍夫曼比率为(2.5±0.5)；第三阶段，资本品工业继续快速增长，并已达到和消费品工业相平衡的状态，霍夫曼比率为(1 ±0.5)；第四阶段，资本品工业占主要地位。认为这个阶段实现了工业化，霍夫曼比率为1以下。这就是霍夫曼工业化经验法则。该经验法则使分析究各国工业化的进程有了统一的标准。

日本经济学家盐谷佑一利用产业关联理论，对霍夫曼工业化经验法则重新论证。他对部门采用了消费资料和资本资料的产品分类。数量统计不用净产值而是采用总产值。他不仅论证了霍夫曼工业化经验法则的适用范围(重工化阶段，即大体是工业化初中期)，而且还揭示了随着经济和技术的进步在现实经济生活中出现的新倾向，即在消费资料生产与资本资料生产比率稳定的情况下，重工业化率却上升。但从总体上看，消费资料工业和资本资料工业的比率不是继续下降，而是出现稳定倾向。显然，盐谷佑一的计算与结论要比霍夫曼的计算与结论更加科学、更接近实际。

20世纪30年代美国经济学家里昂惕大从一般均衡理论出发，研究和分析国民经济各部门之间投入与产出的数量关系，利用投入产出表和投入产出系数推断某一部门经济活动的变化对其他部门的影响，计算为满足社会需求所需要生产的各种产品总量，分析国民经济发展和结构变化前景。但由于应用静态分析的方法，一般来说，它适用于短期分析而不适用于长期分析，适用于分析而不适用于预测。之后钱纳里等人对产业结构的研究，在库兹涅茨的研究基础上，在方法上有所改进，在研究内容的广度和在一些问题的深度方面，都有很大进步。

②第二种方法的代表学者及其理论。刘易斯的二元结构理论是影响最大、最具开拓性的理论。1954年，刘易斯发表了其开创性论文《劳动力无限供给条件下的经济发展》。研究结果是，传统部门劳动力的边际生产力逐步提高，现代部门劳动力的边际生产率下降，以致达到现代与传统部门劳动边际生产率相等。这时，二元经济结构就转变为一元经济结构。刘易斯的理论不仅是关于劳动力流动的理论模型，而且涉及整个经济中的结构转变。但该理论仍存在一定缺陷。托达罗认为刘易斯理论过于简单化，没有考虑到农村劳动力向城市转移的巨大阻力。

美国经济学家罗斯托是最早提出主导产业理论的学者，他突破了传统的总量分析方法，采用非总量的部门分析法，考察在经济增长所依赖特殊部门中的动态力量。罗斯托根据技术标准把经济成长阶段划分为6个阶段：①传统社会阶段，不存在现代科学技术，生产力水平低下；②起飞创造前提阶段，近代科学技术开始在工农业中发挥作用，劳动力逐渐从农业转移到工业、交通、商业和服务业；③起飞阶段，相当于产业革命时期；④成熟阶段，现代技术得到有效利用，经济结构发生很大变化；⑤高额群众消费阶段，即工业高度发达阶段，主导部门已转移到耐用消费品和服务业部门；⑥追求生活质量阶段，这阶段的主导产业已变成教育、保健、医疗、社会福利、文娱、旅游等部门。每个阶段的演进是以主导产业部门的更替为特征的，经济成长的各个阶段都存在相应的起主导作用的产业部门，主导部门通过回顾效应、前瞻效应、旁侧效应影响带动其他部门发展，主导部门序列不可任意变更，任何国家都要经历由低级向高级的发展过程。随着社会生产力发展，特别是科技进步和社会分工日益深化，带动整个产业发展的已不是单个主导产业，而是几个产业共同起作用，罗斯托称之为主导部门综合体。

罗斯托主要从供给角度，分析以创新为基点考察主导部门通过主导效应推动产业结构转换，从而加速经济增长的状况。这些都是有现实意义的。

赫希曼的不平衡增长理论，认为由于发展中国家资源的稀缺性，全面投资和发展一切部门几乎是不可能的，只能优先发展一部分具有战略意义的产业，并以这些产业的投资所创造出的新投资机会为动力，逐步扩大对其他产业的投资，以带动其发展。赫希曼认为，有限的资本在社会资本和直接生产资本之间分配具有替代性，因而有两种不平衡增长途径：一是“短缺的发展”，二是“过剩的发展”。

筱原三代平突破了李嘉图的静态比较成本说，在借鉴德国经济学家李斯特观点的基础上，提出了著名的动态比较成本说。在规划产业结构发展上，筱原三代平提出了两基准理论，即收入弹性基准和生产率上升基准，收入弹性基准要求把积累投向收入弹性大的行业或部门；生产率上升基准要求把积累投向生产率上升最快的行业或部门。该理论成立的前提是：基础产业相当完善，不存在瓶颈制约，或者即便存在一定程度的瓶颈制约，但要素具有充分的流动性，资源能够在短期内迅速向瓶颈部门转移，尽快缓解瓶颈状态；产业发展中不存在技术约束；不存在资金约束。

综上所述，主导产业理论对产业结构的研究是极其重要的，在林业产业结构的研究中，这些理论的应用起到了关键作用。

林业产业结构是指各生产要素在各林业产业部门之间配置的构成方式，林业产业结构不仅在量上反映林业产业间的比例关系，而且在质上反映林业产业间生产、技术、经济等方面的相互关系（李宏、唐守正，2000）。林业产业结构，是林业产业内部各组成部分之间的有机构成和比例关系，既包括林业第一产业、第二产业、第三产业之间的产值构成及内在联系，又包括林产品与森林服务之间的关系、还包括木质系列产品和非木质系列产品之间的关系(刘家顺，2006)。

从林业产业结构的研究来看，虽然近年来，我国的林业产业内部三次产业结构不断得到优化。很多学者认为林业产业结构不合理，2008 年我国第一、二、三产业的结构由 2007 年的 44.3∶48.1∶7.6，调整为 44.1∶47.5∶8.4。很明显林业第三产业的比例过低，虽然林业产业内部结构中，在第一产业比例下降的同时，第二、第三产业比例提高，但我国林业产业中的第一产业基础仍然薄弱(孙建，2005；王满，2009)，林业产出率不高。第二产业规模偏小且技术含量低，林产品的科技含量和附加值低。而第三产业尚未形成规模，发展缓慢(孙建，2005)。刘家顺(2006)对林业产业结构进行了较为系统的分析，通过 1997～2004 年的相关指标，运用收入弹性分析方法，论证了优先发展林业第二产业，大力发展林业第三产业，巩固和提高林业第一产业，并运用比较优势分析方法明确了主要林产品的发展目标。

在对区域林业结构的分析中，比较系统的研究是张华(2007)，作者运用指标分析法，对林业分区域进行产业结构的研究，提出区域产业发展不均衡，主要表现在林业产业内部各业发展不均衡。表现形式有产业主干链条与分支链条相差悬殊，产业结构总体呈现“两头过小，中间过大”的状况，林木培养业(用材林)弱，木材采运业能力过剩，木材加工、人造板等大量利用进口木材，木浆造纸业比重很小。在分支链条上，除经济林外，花卉培育、林产化工和森林旅游均有待加快发展。林业产业企业规模小，初级产品多、低档产品多、精深加工产品少的状况仍未根本扭转。定向刨花板、高性能复合板、无机胶粘剂人造板比例偏小，特厚板和薄板比例偏低，后成型板材、环保板材亟待开发。我国使用和出口的大多数是原料松香，而国外发达地区的松香几乎全用于精深加工，产品近百种。

还有一些学者，针对不同地区林业产业的结构进行了较为系统的研究。

张智光(2003)系统地分析和论述了江苏省林业产业结构调整的战略体系：第一，江苏林业的一些主导产业(如杨树产业、木材加工产业等)及其优势产品已在全国具有明显优势和突出地位，“小林业、大产业”的格局已经形成。但是林业第一产业的森林资源总量少，森林资源结构不合理；第二，产业发展迅速，但其规模结构和产品结构极不合理；第三，林业科技开发和推广服务体系、信息服务体系、金融服务体系、中介服务体系、林业流通体系、森林旅游业等第三产业的发展严重滞后；第四，林业三次产业之间没有形成相互关联、相互协调、均衡发展的产业链，产业价值链的各个环节基本各自为政，无法形成相互联系和相互支撑的有机整体。他认为，从长远来看，江苏林业产业结构调整是在传统林业向市场林业和现代林业转变过程中的战略性调整。针对江苏省林业产业结构的现状和问题，产业结构调整要以“提高林业综合效益，保证社会经济的可持续发展”为总体目标，着力于林业产业各类比例的优化，推进林业产业素质的提高和产业的升级，以实现产业经济的良性循环和持续发展。在林业产业结构的调整过程中，要根据市场需求和竞争形势，依靠科技进步，着重调整和优化林业产业链结构、规模结构、布局结构、经营模式结构、森林结构、产品结构等内容，以达到调控总量、调优结构、调高效益的目的。

杨云(2005)较为系统地对福建省林业产业结构进行了研究。他引入灰色系统理论，从产业结构变动情况出发，研究分析 1998 ~2002 年福建林业产业结构变动对林业经济增长的影响，计算分析产业关联关系，分析产业优劣势，并提出产业结构优化的理论架构和建议。他认为：第一，加大以森林资源培育为主的基础产业的扶持；第二，改造提升林业加工业；第三，加大对以森林旅游等为主的新兴产业的培育；第四，扩大对外开放，优化产业结构与布局；第五，创新机制，为林业产业结构优化奠定制度基础；第六，科教兴林，实施可持续发展的产业政策。

张薇、修长柏等(2007)对内蒙古国有林区产业结构变动而引起的经济增长影响进行了分析和研究，认为产业结构变动与经济增长有着密切的关系，通过调整产业结构，促进产业发展，是当前内蒙古国有林区经济和社会发展所需。特别是对于林区天然林资源保护和林区经济的持续稳定发展至关重要。他们通过对 1995 ~2005 年的相关经济增长指标的分解，阐明林区产业结构和产业发展与经济增长之间的关系，从各次产业的分析结果表明，第二产业的发展是呈现出稳定的增长，并且将逐步成为林区经济增长的主要力量，特别是稳定经济，减少经济增长大幅度变动的主要力量。第一产业的增长波动大，其中的营林、农业、牧业等产业不仅严格地受到自然条件变化的影响，而且也是林区产业链条中的源头所在，都是属于前向关联产业多而后向关联产业少的产业。因此，该产业的发展变化对农畜产品以及木制品等加工制造产业发展有重要影响，林区第三产业的主体将发生根本性的改变。这些产业从林业企业中分离出来，成为林区社会的一项重要产业，在减轻林业企业社会负担的同时，也促进了林区社会体系的改进和完善，产业的社会化程度提高。作者建议包括：第一，林区产业结构调整应以进一步加强各项产业发展为基础，特别是营林发展关系到林区经济和社会可持续发展的森林资源基础。第二，林业产业结构调整要以产业结构升级为目标，包括各产业内部和三次产业之间的结构转换升级。第三，加快林区经济体制改革，建立健全市场经济体制。第四，林区经济增长与产业结构调整应该与当地政府密切合作，共同促进地区经济及企业的经济发展。

陶黎、曹建华、朱惟豪等(2006)对江西林业产业结构进行了研究。作者在明确林业产业划分理论基础上，以江西林业产业统计数据为依据，运用投入产出分析中的产业关联指标，分析江西林业产业结构，得出了江西林业产业发展阶段及产业结构特点，提出了优化江西林业产业结构应按照"主攻二产，促进一产，带动三产"的林业产业发展战略，相应采取对策。

除了林业三次产业内部结构的研究，还有研究林业产业与其他产业的关系。林业产业的外部存在着与其他产业的关系：林业产业与农业、种植业和养殖业密切相关，相互促进发展。

从林业产业对农业的作用角度，林业产业的发展为农业的发展提供了一系列的环境：林业产业的发展推动农作物的生长、加工、销售，加快农业的发展，促进更好的解决"三农"问题。农林复合经营为农作物的生长提供良好的气候和土壤环境；林业产业技术的发展，林产品加工生产工厂的建立促进了农村更多农业产品的技术化、工厂化，在发展林业产业的同时带动整个农村农业系列产品的生产、加工和销售。另一方面，林业和农业的发展，又带动了第二产业的发展，提高了第三产业的产值，进而加速了整个国民经济的进步(孙建，2005)。

在平原地区，农林复合经营模式对农村产业结构的调整有较大影响。王美、李春平等(2009)以2001～2005年林业统计年鉴的数据为依据，对辽宁省的林业资源模式进行了分析，认为农田林网、农林间作等农林复合经营模式促进了农村产业结构的调整。刘璨(2004)通过1978～2001年的相关数据，测算和分析了我国平原林业对农业的贡献，并以江苏淮安市为例，对农田林网和小片林对种植业产值和畜牧业产值的生态贡献程度进行了分析。得出结论：1978～1990年农田林网和小片林对种植业的发展为正向作用，1991～2001年为负向作用；对畜牧业的发展则呈现出与种植业相反的效果，这与林分结构和当地社会经济状况存在密切联系。建议对小片林和农田林网进行适当调整，以发挥更好的效果。刘璨、任鸿昌等(2005)以林业对苏北地区农业、种植业和畜牧业的影响进行了分析，以苏北地区1991～2001年的数据，采用随机前沿生产函数的效率模型和超越对数生产函数对农田林网和小片林对农业总产值、种植业产值和畜牧业产值的贡献程度进行计量并分析。结果表明，农田林网对上述3个产值的生态贡献率为负值，小片林对上述3个产值的生态贡献率为正值，林业、种植业和畜牧业之间存在明显的联合生产效果。需要扩大小片林面积和对现有农田林网进行适当改造，以期取得更好效果。

很多学者对我国各地区产业结构进行了分析和研究，这些研究对平原地区产业结构的研究具有重要意义。通过产业结构的系统性研究，确定平原地区林业产业的主导产业和优势产业，对平原地区林业经济功效的提高具有重要意义。综上所述，对林业产业结构的研究，缺少关于平原地区产业结构的系统性研究，这将是本研究的重要内容。

(4)林业产业政策的研究。在林业政策的制定和实施方面，不少专家学者进行了理论分析和实证研究。

Chris Tollefson(1999)认为北美的林业产业处在十字路口，林业政策正处在转变之中。他们回顾了加拿大的林业政策，分析了政策失灵问题，对20世纪70年代中期以来变革的压力及其引发的政策改革进行了阐述，并提出了推动林业可持续发展的途径。作者详细地阐述了推动林业可持续发展的经济手段、宏观调控手段和结构性手段，分析了产权制度、社区政策和林价政策对林业可持续发展的影响，论述了优先用途区划(priority-use zoning)的必要性和意义，对传统的永续利用理论进行了重新认识，对生态认证的潜力进行了展望，同时，对管制、税费、补贴与环境保护的关系进行了阐述。Maurizio Merlo和Manuel Paveri(2003)概括了林业政策制定和实施的现状，认为在政策制定方面取得显著进展的同时，在政策实施上还存在着很多缺点。他们讨论了由于贫困或者未能实施而造成政策失灵的原因，并把注意力集中在林业政策手段上，认为政策手段对政策制定和实施都至关重要，处于林业政策过程的核心。通过对政策实施方面的科学调查，作者强调政策手段问题是如何被忽视的，进而对各种林业政策手段的性质进行了分析。首先是强制手段和有法律约束力的司法手段。其次，分析了各种经济手段。最后分析了市场化的政策措施。作者强调了对具体问题进行具体分析进而采取最有效政策手段的重要性，而且强调应密切注意不同手段间的平衡使用，即最优政策手段组合的重要性。Hezron Mogaka等对东非和南非国家社区参与森林可持续经营的经济问题进行了分析，分析了经济水平与森林状况之间的关系，森林退化和消亡的经济原因，经济激励的必要性和社区参与森林可持续经营的经济问题，对森林在国民经济中的地位、未纳入核算的国有林价值、社区森林的经济利益和代价进行了研究，认为经济政策与森林状况之间有密切联系，经济环境是森林经营的决定性因素，在经济政策制定上应当考虑森林，经济手段影响着森林的经营利用，进而提出了确立林业政策的经济目标，实行利益分享，建立林业企业，开发替代产品，扩大经济措施对社区森林经营的影响等政策建议。国际林联在其成立 110 周年纪念专刊中，对社会需求与林业经济发展的条件、木材贸易对全球贸易的影响、小规模林业和农村可持续发展等经济问题、城市化社会中林业角色的变化、俄罗斯森林保护的国际目标、林业政策反响等政策问题进行了研究。

当前，国外关于林业发展问题的研究是多方面的，主要有生物多样性经济及其管理(Kadekodi、Madhumita Mishra，2003；Gatzweiler，2005)、小规模林业的可持续经营(Anssi Niskanen、Johanna Vayrynen，2001)、非传统林产品的可持续利用(Hammett、Chhamberlain，1998)、非木林产品的商业化(Marshall, Newton、Schrekenberg，2003)、森林可持续经营的资金保障(UNDP 项目，1999)、森林科学经营的政策焦点、人工林的地位、作用和可持续经营、林主收益分析(Lausti、Enttinen，1998)、林业发展战略与森林经营规划等，对这些问题的研究，从不同侧面反映林业产业发展的政策要求和实践。

从发展趋势上看，林业产业政策目标正在发生重大变化。国际研究趋势是充分发挥林业产业政策对林业可持续发展的推动作用。而国内研究趋势则是推动林业实现三大转变，一是林业增长方式，由粗放经营向集约经营的转变，二是林业运行环境由计划经济体制向市场经济体制的转变，三是林业发展方向由以木材生产为主向以生态建设为主的转变。从林业产业政策机制上来讲，正在向多种手段并举、以市场机制为主转变，既要运用经济机制，也要运用管制机制，还要运用结构调整机制。从产业政策研究的范围来看，越来越多地将一个国家的林业产业发展，置于经济全球化和环境问题全球化的大环境下考察。从林业产业政策的手段上来看，更注重借鉴新制度经济学理论研究林业体制的创新。

2007 年 8 月 10 日，国家林业局、国家发展与改革委员会、财政部、商务部、国家税务总局、中国银行业监督管理委员会、中国证券监督管理委员会联合印发《林业产业政策要点》。这是新中国成立以来我国发布的第一个林业产业政策要点。《林业产业政策要点》在引领、规范和扶持林业产业发展，提高林业产业素质，扩大林业产业规模等方面提出了一系列政策措施。这表明我国林业产业的发展迈出了重要一步。但由于我国地域广阔，每个区域的资源特征和经济状况均不相同，因而这些政策的实践应用需要进一步研究。

2.3.2 平原地区林业经济功效的发挥与相关利益者的关系

与林业经济功效相关的重要利益相关者，研究较多的主要有政府、企业和林农。现将这3个重要的利益相关者与林业经济增长之间的关系研究进行介绍。

2.3.2.1 林业经济功效与政府的关系

对林业经济与政府的关系研究，主要是从政府的林业职能，是否将林业纳入公共财政的角度进行研究。但对林业产业的研究，主要观点是以市场为主、地方为辅，对林业进行宏观调控。

林业产业作为国民经济的重要组成部分，其发展与国民经济的发展息息相关，林业产业的经济功效为国家和地方创造经济价值和财政收入。在我国某些地区，林业产业甚至已成为当地支柱产业，增加了当地的财政收入，并推动了当地经济发展。以云南省林业第一大县景谷傣族彝族自治县为例，2004年林产工业产值3.36亿元，占工业总产值的80.6%；林业上缴利税6415万元，占财政收入的72.4%（王心同，2007）。

但从政府职能研究，政府职能存在着缺位和越位。由于长期以来，没有独立的国有林投资主体，投资者职能由主管部门或地方政府代行。政府往往更多地考虑政府的目标，为了实现就业、招商等目标，以资源消耗为代价求得一时的生存和发展。另一方面，由于行政管理的条块分割导致由谁来代表国家作为出资人不明确，谁都代表不了，也就都不从“老板”角度考虑问题。投资主体力量的薄弱，是导致国有林经营单位合法权益得不到有效维护，牺牲自我发展能力，履行过多社会义务的重要原因（刘家顺，2006）。这集中表现在政府职能的越位、营林森工混营。在我国国有林的实际经营管理工作中，营林和森林工业似合非合，似离非离。说两者似合，是指营林和森林工业的任务都由一个林业局来承担，说其非合，是指林业局并没有实现营林与采运生产的统一核算。说两者似离，因为营林生产的决策权主要集中于林业主管部门，林业局没有完全的自主权，说两者非离，是因为林业主管部门并没有独立的微观组织体系，保证其营林任务的落实。其结果是林业局内部的营林生产实行事业预算制，而采运生产和整个企业则实行经济核算制。营林生产缺乏负责任的运营主体，导致经营决策机制上的一硬一软，即采运生产硬约束，营林生产软约束，政府职能应该是宏观调控，而不是作为微观组织体系中的一部分，因此，应该划分政府和市场的作用。

刘家顺（2006）认为，经营组织形式强化运用行政手段，而忽视运用经济手段来管理资源，尽管看起来节省了行政开支，实则牺牲了经营效率，造成了国有资产流失。企业（事业单位）也无法按经济规律办事，过分考虑社会目标，牺牲了效率，办了一些没有持久竞争力的林产工业和多种经营项目，从而影响了国有林区产业结构调整，导致“两危”局面得不到真正缓解。

李阳、曹玉昆(2009)通过研究中介组织，界定政府和企业功能。他们认为，从政府、企业和个人之间的关系上考察林业中介组织，构建了林业中介组织的概念。即为林业产业相关各主体(包括政府、林业企业)提供各种有偿服务的社会自律性组织。从管理角度看，这一体系意味着政府对林业市场的宏观调控过程需要经过林业中介组织的中转。政府调控的对象是各类林业市场参数，林业中介组织则是各类市场参数的直接感受者和反应者，通过市场直接着力进行调控。市场依据中介组织反应与传导调整微观经济活动，其作用方式可概括为“政府—林业中介组织—林业市场”。

王心同(2007)认为，应发挥政府的职能作用。政府发挥经济职能体现在：一方面要进行直接的财政扶持，对林业产业生产和加工的财政支持，投资林业产业企业，其中尤其是对林业产业生产和加工技术的支持，增加林产品附加值。另一方面就是制定相关林业投资方面的政策和规则，充分集中和利用社会各种闲散资金，并规范林业投融资环境，以建立和健全产业发展服务体系。就政策而言，我国中央和地方政府都已经颁布了很多行之有效的政策和措施。最典型的有国家关于中国林业经济政策，有关于林业产权改革政策、林木管理政策、林业财政政策、林业税费和扶持政策、森林资源和林产品市场(包括林产品市场和活立木市场)政策以及林产品贸易政策等。此外，政府发挥社会管理职能，即需要政府组织成立相关评估担保和监督机构，管理和监督各项林业产业措施的实施和成效，并及时加以改进和完善。

2.3.2.2 林业经济功效与林业企业的关系研究

林业经济功效与林业企业的关系，主要研究如何使林业企业充分发挥林业经济功效，实现林业经济增长的目标。对林业企业的研究，从产业角度研究，属于产业组织的内容。

我国学者对林业企业在林业产业组织中的重要性和当前的问题进行了较多研究，现将具体问题总结如下：

国有林区林产工业企业组织结构不合理，各企业重复建设、产品结构趋同化严重，争原料、争市场，整体竞争力弱(耿玉德，2001)。在我国木制品行业产业集中度低，有知名品牌的龙头企业不多，“小而全”的企业不少，有的还是手工作坊，与木制品有关的相关产业也跟不上发展需要。木材加工企业技术落后，产品档次不高(严宏生，2006)。由于缺乏获取信息、技术和资本的能力，规模不经济使投资无利可图，无专门采购部门，不能保证原材料来源合理，没有足够的经济实力向客户和供应商转移成本，难以推行可持续认证和产品标记，在国际贸易中容易受到绿色壁垒的冲击（Markku Simula，1999）。

Sten Nilsson（2002）认为，中国森林工业厂家众多，生产规模小，中小企业居多。制材厂年平均生产规模只有4000立方米，胶合板厂年平均生产规模只有5000立方米，木材加工厂原料不足，且利用率低。制材厂不得不加工小径材或者依赖进口原木。胶合板厂数量和生产能力在下降。造纸厂超过6000家，平均年生产能力为6000吨，世界平均能力为40000吨，而且木浆比例低，污染重，产品质量低。生产中低档产品的造纸企业占60%以上。因此，巩固森林工业必须推进企业整合，进行高附加值的生产。如果没有经济上可靠的森林工业，要想实现林业可持续发展的目标必然受到严重制约。

科斯（1937）指出，企业最显著的特征是对价格机制的替代。龙头企业的本质在于它是对单个农户各自独立面对市场时的交易行为的大量替代，可大大节约交易时间和交易费用，从而提高组织效率。刘家顺（2006）认为林业龙头企业是林业产业化经营的关键。在林业和林区经济结构的战略调整中，龙头企业担负着开拓市场、技术创新、引导和组织农户经营与基地建设的重任。林业龙头企业是产供销结合、贸工林一体化经营的具体组织者、决策者，它的经济实力和经营水平直接关系到对“龙身”、“龙尾”的牵动能力，决定林业产业化经营的规模与成效。因此，要采取措施加强龙头企业建设工作。一是要强化行业管理，制订适合的林业产业政策和林业龙头企业发展规划，科学地确定林业龙头企业的资格条件，不考虑其所有制形式，只要符合条件，均可作为龙头企业，并从投资、信贷、税收和林地使用等方面加以扶持。二是引导龙头企业按“风险共担，利益均沾”的原则，采取与农户建立稳定的产销关系、保护价收购制度、风险基金、二次返利机制及股份合作制等形式，与农户结成经济利益共同体。同时，依靠科技，提高产品的科技含量，实施绿色营销战略，提高产品的竞争能力。三是鼓励工商企业、民营企业等进入林业领域，参与林业产业化经营，利用他们资金实力雄厚、市场营销能力强的优势，有效地带动农户进入市场。

2.3.2.3 林业经济功效与农民的关系研究

林业经济功效对于农民的促进作用，体现在林业产业的发展可以实现农民增收、劳动力充分利用和地方经济发展的目标。

第一，林业产业的发展可以增加粮食产量，解决粮食供给问题。

林业产业的发展中，虽然也存在“林木争地”和“林木协地”（刘珉、邢熙，2009）的负面效应，但通过国内外的实践证明，积极发展林业和林业产业对构筑良好的农田防护林体系和改善农田小气候、土壤环境具有积极的影响。据专家测算，我国适宜栽植木本粮食树种的土地有1333.3万公顷(2亿亩)，如果全部开发出来，每年可增加木本粮食产量250亿千克，因此木本粮食发展空间广阔。同样，这种巨大的潜力和广阔的空间需要不断发展和培育林业产业，才能充分体现出来(雷加富，2005)。

第二，促进农民劳动力的利用，促进农民就业。

林业是一种劳动密集型的产业。王心同(2000)提出林业从以下5个方面为农村剩余劳动力开辟了新的出路：即涉及广大农村千家万户的以森林为主的林业种植业，劳动密集型的林业新兴产业(如花卉、竹藤、苗木、中药林等)，直接增加农民就业机会的重点林业工程的实施，产业链长、特色产品众多的林业产业化，吸收劳动力的我国的各种防沙、治沙、固沙和防治水土流失的环境保护任务。近年来，林业产业的发展已成为吸收农村劳动力的最主要方式，特别是森林旅游业和非公有制林业而产生的相关产业的快速发展。

第三，林业促进农民增收和地方农村特色经济的发展。

随着从业人员数的增多，各种新兴产业的出现，林业极大促进了农民增收和地方农村特色经济的发展。2007年，全国平原林业提供就业岗位1066万个，相应平原地区的农民人均纯收入达到了4700元，超过全国平均水平(贾治邦，2008)。以陕西省太白山国家森林公园的森林旅游为例，2000年，太白山旅游区接待旅客达93万多，旅游综合收入达到了8400多万元，对当年该地区的财政贡献达450万元。不可忽视的还有国家针对退耕造林、荒山荒地造林等工程给予农民适当的补助，增加了农民的收入。与此同时，各地区发挥本地区的特长和优势，充分挖掘适宜的优势林业产业，形成农村地方特色。

在农民与林业经济功效的关系方面，集中凸显了林业产业存在的问题。刘家顺(2006)认为，二者之间是小农民大市场的关系，应该建立林业合作经济组织，发展林业产业。他认为，由于用材林生长周期长，利益分配的不合理，边际投入带来的实际边际收益不足以激励农户，加之农户缺少资金积累，不得不继续走粗放经营的模式。农户经营组织效率低下，而且经营规模太小，限制了劳动生产率和商品率的提高，林地规模限制了资本投入，经营行为过于分散，不能适应日益扩大的市场化需要。这样，小农户与大市场之间的矛盾、林地碎化与规模经营之间的矛盾，林业组织结构落后，不利于提高林业经济效益。

从农民的角度分析，农民要正确认识林业产业的发展，提高发展林业产业的积极性。农民要在生态建设、改善农村生态环境的基础上，充分挖掘自身、本土潜力，积极投身于林业产业的发展中，以发挥林业产业的经济功效，达到增收和增产的目的。同时，要注意生态与产业的协调，生态效益和经济效益的结合。

2.3.3 结 论

本著作对林业经济功效的相关研究进行了系统地介绍，基于林业经济功效的相关定义分析，对林业产业发展的理论和实践进行了阐述，并从平原地区林业经济功效与利益相关者关系方面进行总结，认为：

第一，林业经济功效评价仅从经济效益评价的文献较少。

目前林业经济功效的评价多以林业的综合效益为基础进行评价，虽然这样的评价从效益而言较为全面，但实际上林业的社会效益和生态效益很难得到系统性的评估。同时，从综合效益评价难以突出林业的市场机制作用，政府在林业中的作用难以清楚界定。因此，应首先评价林业经济效益，以市场的运作机理来进行衡量，才能对林业产业政策的制定和完善具有重要意义。

第二，平原地区林业经济功效评价没有系统的文献。

前人对林业经济功效的研究，主要界定在产业层面，其研究区域是零星和分散的，没有考虑平原地区的整体发展状况，没有对平原地区整体经济功效进行系统的分析和评价，而平原地区作为林业发展的重要地区，肩负着保障生态安全和粮食安全的双重任务，两种任务都直接关系到平原地区的“三农”问题，因而对平原地区林业经济的研究是极其重要的。

第三，林业产业政策在区域的应用研究是发展趋势。

林业产业化在平原地区发展迅速，2007 年我国制定了林业产业政策，这些政策的落实以及因地制宜是非常重要的，如何结合平原地区的区域特点发展林业产业，各区域的林产业经济规模和经济结构的系统分析和研究是极其重要的，在此研究的基础上，制定和完善区域林业产业政策，必然是未来研究的重点内容和发展趋势。

2.4 基本研究假设

第一，区域林业经济中的行为主体系有限理性的经济人。经济生活中的每一个人，其行为均是利己的，在做出一项经济决策时，总是深思熟虑地通过成本—收益分析或趋利避害原则来对其所面临的各种可能的机会、目标以及实现目标的手段进行比较，都力图以自己最小的经济代价去追求自身利益最大化。但同时，由于信息的不完全性、人类自身行为的有限和受环境约束等限制因素的存在，这种理性只能是有限的。因此，考虑区域林业经济中的主要行为主体——政府、企业和农户是有限理性的经济人。

第二，政府的信息完全假设。假设政府掌握着充分的信息，因而政府作为宏观经济学中的行为主体，在制定政策时，其职能限定于市场失灵的范围内。企业的行为由市场调控。

2.5 小 结

本章首先分析了本研究的经济学范畴，将其界定为产业经济学、林业经济学和区域经济学三大研究范畴的交叉研究，并对三大研究范畴结合林业的研究进行阐述和分析。在此基础上，进一步对本著作的定义进行解释和界定，即平原地区、林业及林业产业、林业经济功效与林业经济效益，明确了本研究的主要研究范围，进而对相关国内外研究进行介绍和讨论，指出目前在林业经济功效评价方面存在的问题和不足。最后，基于本著作的研究目的和研究范围，提出本研究假设。

3　平原地区林业经济的样本调查与资源禀赋

3.1　平原地区林业经济功效的调查研究

平原地区林业经济功效的调查研究，其调查对象及样本的选择由行业主管部门与项目组统筹选择，调研方法运用基本情况普查和典型调查两种。

3.1.1　调查对象和样本的选择

本研究的数据是基于林业公益性行业科研专项项目“典型平原区生态安全林业保障体系构建机理及功效评价研究”(项目任务书编号：200804008)。在样本选择上，基于研究需要，根据可行性原则，对全国各省(自治区、直辖市)、市、县进行普查(不含港澳台)，在保证普查的基础上，进行农户入户调查和企业典型调查。

本次调查对象包括《全国平原绿化工程建设规划(2006 ~ 2010)》中的 26 个省(自治区、直辖市)，186 个市，共 958 个平原县、半平原县。由于各方面的原因，90 个区(县)资料不具备统计分析条件，实际统计数据为全国 26 个省(自治区、直辖市)，177 个市，868 个县。为了统计方便，将全国 26 个省(自治区、直辖市)分为华北地区(包括北京、天津、河北、山西、内蒙古)、东北地区(包括辽宁、吉林、黑龙江)、华东地区(包括上海、江苏、浙江、安徽、福建、江西、山东)、中南地区(包括河南、湖北、湖南、广东、广西、海南)、西南地区(四川)、西北地区(陕西、甘肃、宁夏、新疆)6 个区域。调查样本县占规划县总数的 90.6%。

根据统计口径与指标一致性和实地调研的可行性原则，本研究调查的数据，主要包括县域的基本概况、自然资源情况和社会经济情况。具体包括样本县的基本指标和农林复合经营情况(农田林网和农林间作情况)、村镇绿化情况、绿色通道建设情况、片林情况、林产品生产情况、林业产业情况、林业投入情况、林业经济贡献情况及林业相关政策。

3.1.2 调查方法

调查是在国家林业局的组织协调下，由北京林业大学平原林业研究中心“典型平原区生态安全林业保障体系构建机理及功效评价研究”项目组具体承担，调研方法采用普查与典型调查相结合的方法，如图3-1所示。

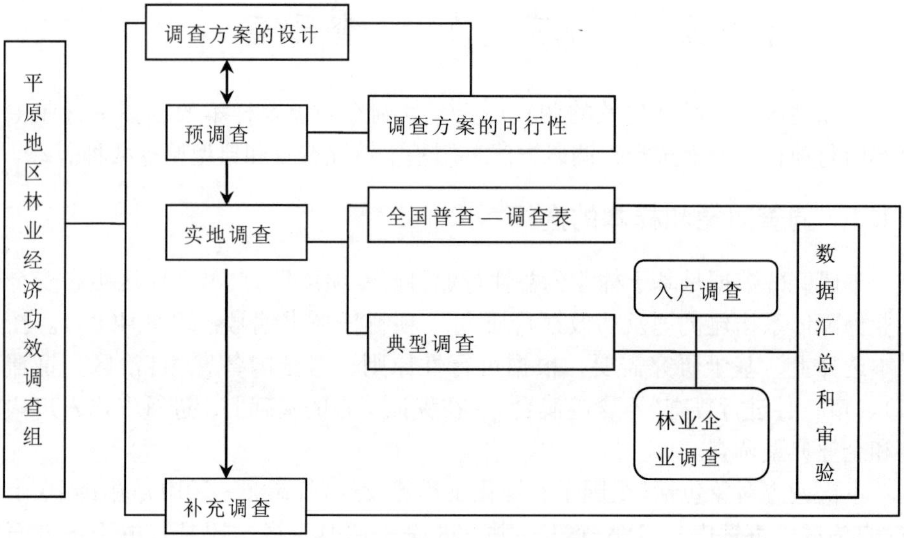

图3-1 实地调研技术路线图

Fig. 3-1 Diagram of techonology method for field imertigating

(1)基本情况普查。项目组在多次反复讨论调查方案，尤其是调查指标可行性的基础上，于2007年3月至2008年4月，在国家林业局的协助下，历时1年，对全国的平原县和半平原县进行了普查。由于各方面的原因，90个区县资料不具备统计分析条件，实际统计数据为全国26个省(自治区、直辖市)，177个市，868个县。本次调查以县为单位，统一制作调查表，调查内容包括总体情况、农田林网与农林间作情况、村镇绿化情况、绿色通道建设情况、片林情况、林产品生产情况、林业产业情况、林业投入情况、林业经济贡献情况、林业相关政策等(调查表见附录表1)。同时在国家林业局的监督下，对调查数据进行审核汇总。

(2)典型调查。

①入户调查。对林农进行实际入户调查访谈，了解我国平原地区林业产业

的变化情况和林业政策变化等相关情况。分别于山东省郓城县、河北省文安县、河南省商丘市进行调查，每个调查点入户调查80户，访谈人数200人。

②林业企业。包括大型木材加工企业及小作坊的调查，实际了解平原地区的林业产业现状，对林业生产的流程有直观的了解，并获得第一手的实际数据。于山东省郓城县、河北省文安县、河南省商丘市进行调查。共调查大中型林业加工企业30家，小型木材加工厂及家庭作坊式加工厂100家。

3.2 平原地区林业经济的特点

平原地区自然条件和经济社会条件适合林业的发展。经过几十年建设，平原地区林业经济快速发展，对国民经济、林业产业、农户的家庭收入和粮食产量都有较大的影响。主要体现在以下4个方面：

第一，改善平原地区生态环境，增加粮食等农作物产量。

我国平原地区人口众多，过去旱涝、盐碱、风沙等自然灾害严重，已成为制约农业发展的重要因素。林业是农业的生态屏障，是生态农业、可持续农业的重要组成部分。世界上许多国家的学者对林带或林网的生态效益，开展了广泛深入的观测研究，认为有林网保护的农田，一般地表风速降低20%~30%，相对湿度提高10%~20%，农田蒸发量减少8%~12%，土壤有效含水量增加20%左右，粮食增产10%~25%。平原地区林业的发展，特别是农田防护林创造了良好的生态环境，改善了农业生产条件，提高了农业抗逆能力，抗御和减轻干热风、霜冻等自然灾害的侵袭，保障了农作物的稳产、高产。

第二，平原地区提供了大量的木材、竹材和丰富的林副产品。

森林是十分重要的战略资源，木材是不可替代的三大原材料之一。木材以其可再生性和可降解性日益受到现代社会的青睐，随着我国经济的快速发展和人民生活水平的提高，对木材需求越来越大。而世界森林资源将会越来越少，而木材消费量却在逐年增加，木材供需矛盾将越来越大。同时，世界各国都很重视森林资源保护，采取措施限制木材出口，国际市场上的资源十分有限。我国实施天然林保护工程后，长江上游、黄河中上游的天然林已全面停止商品性采伐，东北、内蒙古等重点国有林区的木材产量大幅度调减。2002年中国木材缺口相当于1.06亿立方米原木，2010年缺口将达到1.50亿~1.75亿立方米。因此，面对木材供需严峻的现实，我国木材等林产品的供给必须立足国内，广大平原地区将承担起培育我国后备森林资源的重任。由于平原地区土地肥沃，水利条件优良，树木生长迅速，轮伐期短，加上劳动力充足和交通方便，平原林业已经成为我国木材及林副产品的生产基地。平原林业提供了大量的木材，对缓和木材供需矛盾起到了积极的作用。

第三，促进地方经济发展和增加农民收入。

平原地区林业发展迅速，林业在地方经济中的总体地位逐渐提高，林业对农民就业收入的贡献增加，农村产业结构调整明显，林业产值增长迅速，在地方经济发展中起着巨大的作用。

平原地区各方面条件都较为优越，种树的投入较少、周期短、收益高，因此农民参与林业发展的积极性较高。林业发展是实现平原地区农民增收的有效途径。林业在促进农民增收方面能够发挥独特的作用。一是资源充裕。发展林业，有着广阔的林地、巨大的市场、充足的劳动力、丰富的物种等资源条件。二是林业产业的经济效益日益显著。果品、桑蚕业、竹产业等传统林业产业，森林旅游、花卉、药材等新兴林业产业的不断发展，已经成为拉动农民收入增长的重要因素。三是林业重点工程直接增加农民收入。平原地区的农民人均纯收入明显高于全国农民人均纯收入，2005 年平原地区的农民人均纯收入达到 3688 元，华东地区和华北地区分别达到 4137 元和 3817 元。

平原地区的林业及相关产业已在当地经济发展中占有重要的地位，也为平原地区的国内生产总值增加做出显著的贡献。2005 年平原地区的林业总产值是 3324.16 亿元，占其国内生产总值 3.86%，部分地区省份林业总产值在国内生产总值中占比较高，如西南地区 7.87%、中南地区 4.49%、华东地区 4.62% 和四川 7.87%、山东 6.92%，广东 5.62%。2005 年，东北、华北、西北林业总产值占其国内生产总值的比重分别是 1.30%、2.15%、2.09%。

第四，平原地区林业经济发展仍处于自我调整阶段。

我国的木材与木材加工产业，长期以来属于乡村经济，而今在世界上已成为这一产业的佼佼者，不论在生产、消费还是国际贸易中都占据着举足轻重的地位。平原地区经济、社会基础好，具有良好的林业产业发展条件，平原地区丰富的林业资源，为林业产业发展奠定了扎实基础。2005 年平原地区林业总产值 3324.16 亿元，占全国林业总产值的 39.29%。

2001～2005 年，全国平原林业总产值及平原林业三次产业产值均稳步提高，其中平原林业第二产业保持较高的发展速度，带动了林业第一产业及第三产业的发展。2005 年，平原林业三次产业分别实现产值 1139.24 亿元、1995.5 亿元和 189.42 亿元。林业产业结构由 2001 年的 41.91∶51.63∶6.46 调整为 2005 年的 34.27∶60.03∶5.7，第一产业所占比重下降 7.64 个百分点，第二产业所占比重提高 8.4 个百分点，第三产业所占比重略降 0.76 个百分点。

从产业结构特点看，世界林业第二产业产值占林业总产值为70%以上，发达国家该比重均在90%以上，我国平原林业产业的总体发展水平仍然较低，正处于自我调整阶段。

3.3 平原地区林业经济发展的影响因素

研究林业经济发展的学者很多，但真正给出林业经济发展概念的不多。增长和发展总是相伴而来，林业经济发展是伴随着经济结构特别是产业结构变化的林业经济增长。而林业经济增长是指林业行业产品和劳务数量的增加或按人口平均的实际产出增加，可用林业总产出或林业总产值来衡量。增长是发展的主要内容，结构转变伴随着经济增长，两个方面相辅相成(王立群，2001)。

我国平原农区林业建设区域发展迅速，但是区域发展不平衡，总体规模不大，营林质量不高，树种与品种结构不够合理，林业产业化水平低下的状况并没有得到根本改进。相反，自20世纪90年代中期开始，我国平原地区林业的发展速度放慢，一些地方还出现严重的林地逆转、林业下滑的形势。进入21世纪，平原地区林业作为我国林业可持续发展的重要构成，具有广阔的发展空间和深度开发的潜力，面临着扩大规模、调整结构、提高效益、跨越发展的艰巨任务。与此同时，我国平原地区林业的可持续发展也面临着市场经济条件下各种利益驱动因素的扰动。

要素禀赋说主要是由瑞典经济学家俄林创立的。要素禀赋是指一国拥有各种生产要素，包括劳动力、资本、土地、技术、管理等生产要素的数量。平原地区林业经济资源禀赋需要从宏观、中观和微观3个方面进行考虑，并对平原地区的经济影响进行分析。

3.3.1 平原地区林业经济的供给因素

3.3.1.1 劳动力因素

我国林业剩余劳动力和隐性失业劳动力比重在50%左右，均高于其他产业。平原地区林业作为我国林业的重要组成部分，同样存在劳动力失业的问题。林业工业企业生产率的下降，严重影响了林业劳动力的就业，制约了林业工业企业的规模经济。

3.3.1.2 物质因素

林业经济发展的物质基础是森林资源。总体而言，我国林业经济发展的森林资源基础薄弱。森林资源是森林物产的基础，没有森林就谈不上森林物产，而林业产业则是森林物产发挥经济效益和社会效益的主要载体。我国经过半个世纪的过度采伐已使大部分林区森林严重萎缩，资源消耗结构处于较低层次，木材供需缺口大。在平原，杨树栽种的数量很大，但其供需缺口也大(见表3-1)。因此，必须发展平原地区林业的森林资源以带动林业经济的发展。

表3-1 全国木材及杨木供需预测表 单位：万立方米

Tab. 3-1 Supply & Demand Forecast of Woods and Poplar

年份	全国木材消耗量	国内可供应量	需求缺口	需求杨木	杨木可采伐量	杨木供需缺口
1999	14000	9200	5000	1920	300	1620
2005	23000	17000	6000	5000	300	4700
2015	33000	19000	14000	10000	未知	未知

资料来源：付铭．我国林产业发展的经济学研究．乌鲁木齐：新疆大学硕士论文.

3.3.1.3 科技进步

科学技术水平和推广应用对平原地区林业经济的发展起到了重要作用。在平原林业建设过程中主要有4个方面的技术瓶颈制约林业的发展，也对制约林业经济的发展，即优良树种选择、优良苗木培育、有害生物防治、木材加工生产环保材料和工艺等。

近几年来，杨树单一品种林分的稳定性问题引起人们的普遍重视，病虫害严重威胁着平原林业的可持续发展，同时在“三北”部分地区，水分亏缺引起树木生长不良、林木抗性低，最终造成大面积林木死亡。这些问题的解决有赖于营造林技术的改进和新的树木品种的选育。而林业经济的发展有赖于森林资源的质与量。根据中国林业科学研究院研究，林业科技进步对林业经济增长的贡献率仅在24%左右，科技成果的转化率在30%左右(孔凡斌、张万民，2003)，在农林、水、环保、气象等相关产业中最低。

因此，应加强科研投入力度，在速生、优质、高抗性良种和名优特新经济林种繁育技术，新工艺、新装备的研发方面集中科研力量，攻克难题，提高自主创新能力。另外，在科技成果的转化和推广方面，鼓励科研单位与生产单位、企业紧密合作，组织各种技术培训、科技下乡、成果展览等形式，实现科技成果真正应用在生产并发挥经济效益。

3.3.1.4 资金供给——政府对林业的投入

平原地区林业的总投入，对林业经济的发展有直接推动作用。资金缺乏是制约平原地区林业发展的重要因素。我国自1988年实施平原绿化工程以来，总投资规模 1336 亿元，工程覆盖面积 3419 多万公顷，平均每公顷投资 2.6 元，呈现摊子大、投资少、质量低的特征。这与我国平原绿化工程以政府行政推动、农民义务出工的工程投资模式相关联。平原地区林业建设需要大量的基础投资，如种苗费用、栽费用，在经营管理过程中还需要持续的资金投入，如林木管护、病虫害防治等，该环节的投资显得更加重要。实践证明，完全依靠政府独立承担平原地区林业建设资金是不现实的。在林业发展滞后、林业产业缺乏、经济发展欠佳的平原农区，政府投资应该发挥重要的启动和示范作用，应当加大投资力度。在平原地区林业发展已经步入产业化良性运转的区域，社会投资应当取代政府投资的主体地位，这有利于培育健康的市场竞争环境。近年来，许多平原地区通过贯彻"谁造谁有"的基本林业政策，鼓励农民、集体组织以及私有企业参与平原林业投资活动，形成了多元化的林业投资格局。这是我国平原地区林业经济持续发展投资机制的优化方向。

3.3.1.5 土 地

土地作为资源禀赋之一，对林业经济的发展起到关键的作用，其中林地产权不明，对林业经济的发展有着制约作用。在平原地区，林木所有权与农业土地所有权和经营权紧密关联。目前我国农业土地所有权保持两种公有形式，即国家所有和集体所有。国家所有的农业土地由国有农业经营单位实际占有，并行使所有者权益，例如国有农场、垦殖场所拥有的农业用地；从 20 世纪 80 年代初期开始，我国农村普遍实行土地联产承包责任制，农村集体所有的农业土地完成了所有权与经营权的分离，农民成为实际土地占有者和经营者，集体组织成为虚设主体。农业土地权能的分离，给我国平原地区林业可持续发展带来了诸多负面影响，主要体现在以下几个方面：

一是权属过于分散，林业发展失去了规模化经营的土地权属制度。在平原地区，实行土地分户承包经营过程中，原本由集体统一管理的成片土地被分割，农地配套的辅助土地，如机耕道、排水沟渠等可以栽树木、发展林业的土地集中管理权被分配到千家万户。权利的分散致使平原地区林业发展失去了权力支配中心，规模化经营失去了制度保障。不仅如此，在农业生产经济效益优先的制度安排下，林业发展空间受限，依靠农民自觉发展比较效益低下的林业缺乏经济动力。在行政指挥权力淡化与经济动力丧失两个反向力量作用下，平原地区林业的可持续发展受到严重制约。

二是土地与林木权属的不稳定性，降低了农民发展林业的经济预期。我国早期农业土地经营权实行间隔调整制度，即所谓的"一年一小调，三年一大调"。相应地，空间土地管理权也随之调整，林木经营管理权亦相应变动，即所谓的“地随人走，树随地走”。随着土地权属的调整，平原地区的树木管理难度相当大。从20世纪90年代开始，我国许多平原地区通过签订“管护承包协议或合同”将林权由集体向农民个人分散，林木收获按照“大集体、小个人”的原则划分，从一定程度上优化了林木的产权结构。但是，由于法律法规制度的不完善，特别是我国类似农业土地承包行政合同的责任约束机制弱化，不少地方出现了集体组织肆意毁约，损害农民承包林木的正当收益权，在很大程度上挫伤了农民发展林业的生产积极性。

三是平原地区林业用地权属性质的不确定性，加大了林地扩大与管护法律保护力度。从20世纪80年代初期开始，我国开始全面推行林业“三定”政策，但是平原地区的林权证书(主要是林地权属证书)发放工作一直没有全面展开，其主要原因是由于《中华人民共和国森林法》以及相关行政法规对平原地区林业用地性质没有规范。传统意义上的平原地区林业以农田林网形式，作为农业辅助设施对待，主要发挥防护功能，把林业类型归为防护林种，缺乏经济属性，因此权属的财产性质被淡化。再者，在我国《基本农田保护条例》中，对农区防护林种的地位也没有明确，采取农业用地优先、林业次之的态度，一定程度上限制了平原地区林业发展的空间。近几年来，粮食生产过剩，价格下调，农民生产粮食积极性降低，与此同时，平原地区木材加工产业的兴起，木材价值随之提高，其价值已经超过了粮食，农民栽种速生树种的积极性空前高涨(如在江苏省北部平原地区)，迫切需要扩大林木种植面积(在欧洲和北美国家已经开始利用农地发展高效林业)，条例的局部负面作用尤为突出，在很大程度上阻碍了平原地区林业规模化、产业化进程，不利于平原地区林业经济增长。

3.3.1.6 公众意识与宣教

在一定程度上，公民意识的提高与宣教是平原区林业建设和经济发展的关键因素之一。如内蒙古自治区赤峰市，农田林网建设成功的主要经验之一是将发展林业的效益以及发展林业对整个社会的作用广为宣传、深入人心，使农民及全社会提高了认识，统一了思想。再如福建省平潭县，浙江省海宁市、桐乡市，广东省澄海市、新会市等地的农民对营造木麻黄沿海防护林的防浪、防台风效益已有足够的认识，也亲眼看到并体验到了沿海防护林的效益，因此，发展沿海防护林已经植根于当地群众的思想和行为之中。在成都平原，农民认识到了庭院林的经济价值和美化价值，纷纷利用森林资源的生态服务和美化效益，发展以“绿色生态”为主题的庭院“农家乐”，为农民带来了丰厚的经济回报，也使得庭院经济成为成都周边地区的一大特色，吸引了众多游客。在广东省新会市、南海市，湖南省汨罗市林业建设发展较快主要原因之一是由于群众认识到林木对环境的美化作用以及对环境的增值效应(孔凡斌、张万民，2003)。

3.3.2 平原地区林业经济的宏观因素

3.3.2.1 经济体制

林业的所有制结构，制约了林业生产力的发展。目前，我国林业所有制结构及其实现形式比较单一，非公有制经济在林业领域内没有得到充分的发展，林业落后的生产关系已经成为制约生产力发展的严重障碍。

民有林经营者与国有林业经营单位不在同一起跑线，而是处于竞争的弱势地位。长期以来林业发展主要是靠政府投资，靠林业主管部门和国有林业单位管理和经营。有些地方至今还保留着政企合一的特殊模式，有些地方国有林业单位和林业主管部门至今仍有着千丝万缕的联系。国有林业单位在遇到各种问题和困难时，尚可以通过行政手段，请求当地政府或林业主管部门在税费、采伐限额、资金信贷方面给予一定的优惠和扶持。相比之下，民有林经营者就没有现成的渠道取得这些优惠和扶持，因而在竞争中就处于弱势地位，急需一个公平的市场竞争环境(赵常欣，2004)。这需要从根本上改变林业经济的体制。

3.3.2.2 经济发展阶段

林业是我国国民经济和社会发展中一个严重滞后的薄弱环节，林业包括林业经济仍处在社会主义初级阶段的较低层次。随着经济发展和人民生活水平的提高，社会对林业的需求发生了根本性的变化，生态需求取代木材需求，成为社会对林业的第一需求。不断增长的多样化需求与落后的林业生产之间的矛盾越来越突出，成为这一时期林业的基本矛盾。森林资源总量不足、分布不均、效益低下与社会对林业日益增长的生态需求之间的矛盾成为当前林业的主要矛盾。林业基本矛盾和主要矛盾的相互作用决定了我国林业正处在由以木材生产为主向以生态建设为主转变的新的历史时期。林业不但肩负着改善生态，同时也肩负着促进经济发展的双重使命。

3.3.2.3 林业企业的管理机制

林业企业大多没有灵活的经营决策权，现代企业制度还无法真正建立，市场配置资源的格局尚未形成，陈旧的运行机制没有突破，分类经营的新管理机制还没有建立起来，资源管理上依旧采用惯用的一些行政手段，旧的管理格局无法从根本上改变，以上种种不仅使企业自身发展困难重重，而且在某种程度上限制了社会参与林业的积极性。

3.3.3 平原地区林业经济的中观因素

3.3.3.1 区域林业产业结构

区域林业经济发展很不平衡。目前，木材采运业主要产值结构分布在东北、内蒙古国有林区，份额在50%左右。而林产加工业则以发达的沿海城市为主，其产值大约占65%(付铭，2005)。2005年平原地区的林业总产值是3324.16亿元，占其国内生产总值3.86%，而部分地区其国内总产值占比更高，如：西南地区7.87%、中南地区4.49%、华东地区4.62%，部分省份林业总产值在其国内生产总值中的比重也比较高，如：四川省7.87%、山东省6.92%，广东省5.62%。2005年，东北、华北、西北林业总产值占其国内生产总值的比重分别是1.30%、2.15%、2.09%。总体而言，在我国西北地区或者森林资源相对贫乏的中部省域，国有林业企业改革缓慢，经营管理体制转型不到位，习惯于"等、靠、要"的落后经营管理思想，不利于林业企业走出困境，势必造成林业产业省域竞争力下降。而在南方或林业产业比较发达的东北地区，比较重视调整产业结构和转换经营管理机制，注重引进先进技术和优秀科技人员，延伸林业产业链，不断增加林业总产值，以此提高林业产业区域竞争力。由此，经营管理体制和思想意识的差异，使得林业产业的发展存在较大的区域差异。

3.3.3.2 林业产业政策因素

对内蒙古自治区20个区(县、市、旗)进行林业产业政策调研表明，目前，林业产业政策正在制定中，不具系统性(参见附表1)。相对山区而言，我国平原地区林业政策相对宽松，主要体现在对"维简费"的免除，对育林基金低费率征收等。与此同时，平原地区林业政策的约束作用逐步凸现出来。尤其平原地区林业的政策定位与错位问题突出。20世纪90年代以来，得益于平原地区林业的发展，许多原本缺少木材的平原地区森林面积规模庞大，木材产出逐年上升，形成为新兴林区，如苏北地区、湖北省的江汉平原地区、安徽省的沿江平原地区、湖南省的汉寿等，林业以及林产加工工业已经成为地方农民发家致富的重要途径。在这种情形下，林业政策的目标应当是促进平原林区产业化、现代化，而不是传统的限制主义。值得一提的是，我国林业政策还没有将平原地区林业产业化工程全面列入国家林业政策投资范畴，大规模集约化经营的组织管理以及机制创新问题尚未提到重要位置。

随着市场经济的发展，近几年来，一系列林业产业政策的出台，加快了平原地区的经济发展。江苏省为了推进北部平原地区林业产业经济的发展，出台了一系列的林业产业化的政策措施，拓宽了林业发展的空间。2002 年 8 月，全国重点地区速生丰产林建设工程正式启动，营造速生丰产林成为我国南方各省市森林资源培育的新亮点。2003 年，中共中央、国务院又颁布了《关于加快林业发展的决定》，确定商品林基地建设成为林业发展八大重点建设工程之一。2007 年，《林产业政策要点》颁布实施，中国林业产业协会正式成立，中国国际林业博览会成功举办。在相关政策的引导下，各地结合实际，强化政策扶持，完善管理体系，搭建服务平台，优化发展环境。四川、吉林等 10 个省(自治区、直辖市)召开了林业产业工作会议，全国有独立产业管理机构的省(自治区、直辖市)20 个，1/3 以上的省(自治区、直辖市)已组建或着手组建省级林业产业协会，社会投资林业大幅度增加，林业产业发展迅速。

3.4　平原地区林业经济资源禀赋的现状分析

上文分析了平原地区林业经济发展的影响因素。在此基础上，按照林业六大区域，以调查 2005 年 26 个省(自治区、直辖市)868 个县的数据对平原林业经济的资源禀赋进行现状分析。

需要说明的是，在本章中注意 3 个关键词，即平原地区、平原样本地区和平原样本地区的构成。平原地区是指我国属平原类型的地域，平原样本地区的数据源主要来自调查的 26 个省(自治区、直辖市)868 个县的数据，平原样本地区的构成主要是按照 26 个省(自治区、直辖市)868 个县的样本数据对本章各项资源禀赋的类型进行分析。

3.4.1　平原地区的基本情况分析

3.4.1.1　平原地区区域概况

按照行政区划而言，平原地区包括 6 个区域，即东北地区、华东地区、中南地区、华北地区、东北地区、西北地区和西南地区。

(1)东北地区，包括黑龙江、吉林、辽宁和内蒙古东部 4 个省(自治区)。其中，黑龙江、吉林和内蒙古大兴安岭为 3 个传统的国有林区，分布着较多的国有大型森工企业，具有较强的木材生产能力和一定的木材加工能力，既是我国木材资源的原料林基地，又是我国木材加工产品的主要产地之一。当前存在的问题：一是这一地区的可采资源几近枯竭；二是国有森工企业的经济困难、经营举步维艰。

(2)华北地区，包括华北平原的河北、山西、内蒙古部分地区3省(自治区)和北京、天津2个直辖市。此区的典型特点是少林区，主要为平原防护林。但本区的气候属温带、暖温带湿润、半湿润性气候，适宜各种经济林的生长，因此我国很大比重的经济林产品均出自本区，也基本上形成了一定规模的经济林产品的生产加工能力。

(3)华东和中南地区，基本覆盖了我国的南方集体林区，包括上海、江苏、安徽、浙江、福建、湖南、湖北、广东、广西、海南、河南、山东及江西等省(自治区、直辖市)。本区森林覆盖率高、水温条件好，适宜树种多且树木生长年限短，其优势在于本区有较强的经济后盾和较为先进的生产技术和管理经验，已基本形成了较强的木材产品和木制品的生产加工能力。

(4)西南地区，四川、云南和贵州3省属于此区。本区也有较好的气候条件，森林资源较为丰富，但本区地势比较险恶，相当量的森林资源无法得到有效利用，且区内大江大河多，承担着较重的涵养水源和水土保持的义务。

(5)西北地区，包括新疆和陕西、甘肃、宁夏4省(自治区)。这一地区的自然环境极为恶劣，干旱少雨，多风沙，沙漠化严重，水土流失面积大，为极少林地区。在三北防护林工程及其他防护林工程启动建设后，本区的生态环境有所改善。

3.4.1.2 人口资源

根据平原样本地区调查，截至2005年，平原样本地区总人口为50709.1万人。根据国家统计局统计，我国2005年总人口为130756万人，平原样本地区总人口占我国人口总数的38.78%。在平原样本地区中，农业人口为39732.7万人，占平原样本地区总人口的78.35%，从事农业和林业的人口占平原样本地区总人口的比例分别为19.54%和0.38%。由此可以说明两点：第一，要发展平原地区经济，必须发展农村经济，增加农民收入；第二，在平原地区农业人口的数量巨大，但是从事农业的人数比例却较低，说明目前农民的收入来源，主要不再是靠农业收入。传统平原地区的农业经济时代已经发生了变化。

平原样本地区的区域人口的主要分布如图3-2所示，截至2005年，按照人口的数量排序，由大到小依次为：华东地区(41.41%)、中南地区(24.86%)、华北地区(15.25%)、东北地区(10.03%)、西北地区(6.18%)和西南地区(2.25%)。

按照农业人口的数量排序，由大到小依次为：华东地区(39.27%)、中南地区(31.25%)、华北地区(13.89%)、东北地区(8.01%)、西北地区

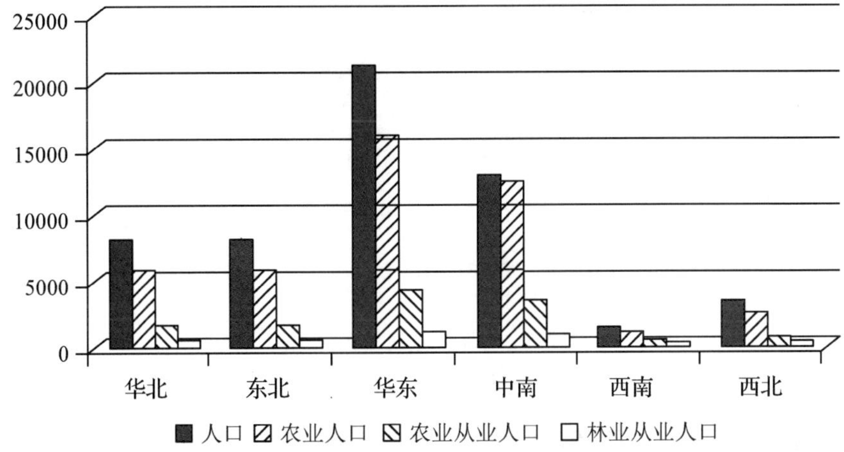

图 3-2 平原样本地区的区域人口分布(单位：万人)

Fig. 3-2 Population distribution of the plain sample districts

(5.59%)和西南地区(2%)。

按照农业从业人口的数量，由大到小排序依次为：华东地区(39.47%)、中南地区(31.25%)、华北地区(13.38%)、东北地区(6.47%)、西北地区(4.97%)和西南地区(1.84%)。

按照林业从业人口的数量由大到小依次排序为：华东地区(44.56%)、中南地区(35.41%)、华北地区(12.15%)、西北地区(3.44%)、东北地区(2.8%)和西南地区(1.63%)。

3.4.1.3 土地资源

调查统计资料显示，截至2005年，平原地区26个省(自治区、直辖市)，868个县土地总面积共计16845.14149万公顷，占我国国土面积的17.55%。土地类型有耕地、林地、牧草地、园地、水域、居民点及工矿用地、交通用地和未利用地。其中，耕地面积、未利用地面积、林地面积和水域面积分别占平原样本土地总面积分别为30%、28%、15%和13%，其余占平原样本土地总面积的14%(如图3-3)。2001～2005年，平原样本地区土地类型的比例发生了变化，耕地面积比例增加了9%，林地面积比例增加了6%，牧草地面积比例增加了1%，居民点及矿用地面积比例增加了2%，水域面积增加了3%，未利用地面积降低了21%。

由于1998年，天然林资源保护工程、退耕还林工程的陆续启动和实施，林地面积不断扩大，同时，平原地区的农村复合经营，如农田林网和农林间

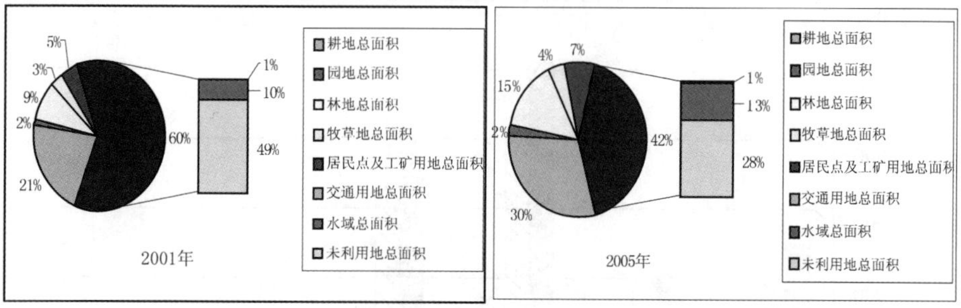

图 3-3　平原样本地区土地类型

Fig. 3-3　Land types of the plain sample areas

作等模式，扩大了耕地面积(2001～2005 年增加了 2%，在平原样本地区土地总面积的比例增加了 9%)的同时，很大程度上扩大了平原林地的面积，从2001 年的 1966.08 万公顷增加到 2005 年的 2508.84 万公顷，林地面积增加了27.6%，在平原样本土地总面积中的比例从 9% 扩大到 15%，增加了 6%。同时水域面积也进一步增加，未利用地面积在平原土地样本地区减少的比例很大，由 49% 下降到 28%，减少了 21%。

截至 2005 年，以平原地区区域样本进行土地面积分析。可以得出 3 点分析结果，第一，从平原样本区土地面积分析，按照土地面积大小排序依次为：西北地区(37.02%)、华东地区(21.35%)、东北地区(14.95%)、中南地区(14.45%)、华北地区(11.17%)和西南地区(1.06%)；第二，从平原样本区耕地面积分析，按照面积大小依次排序为：华东地区(30.24%)、东北地区(23.05%)、中南地区(22.4%)、华北地区(15.58%)、西北地区(7.57%)和西南地区(1.17%)；第三，从平原样本区林地面积分析，按照面积大小依次排序为：华东地区(33.96%)、中南地区(20.38%)、华北地区(19.12%)、东北地区(16.54%)、西北地区(7.96%)和西南地区(2.03%)(图 3-4)。

3.4.1.4　财政状况

2005 年，平原样本地区财政收入总额 6860.65 亿元，财政支出总额为5737.13 亿元，其中，财政支农为 1230.17 万元，占平原样本地区财政总支出的 21.44%，地方财政对林业总投入为 61.26 万元，占平原样本地区财政总支出的 1.07%，可见地方财政对林业的投资是较为薄弱的。

2005 年，按照平原样本地区财政收入大小依次排序为：华东地区(60.77%)、华北地区(16.06%)、中南地区(14.67%)、东北地区(4.82%)、西南地区(2.01%)和西北地区(1.67%)；按照财政收支差额的大小依次排列

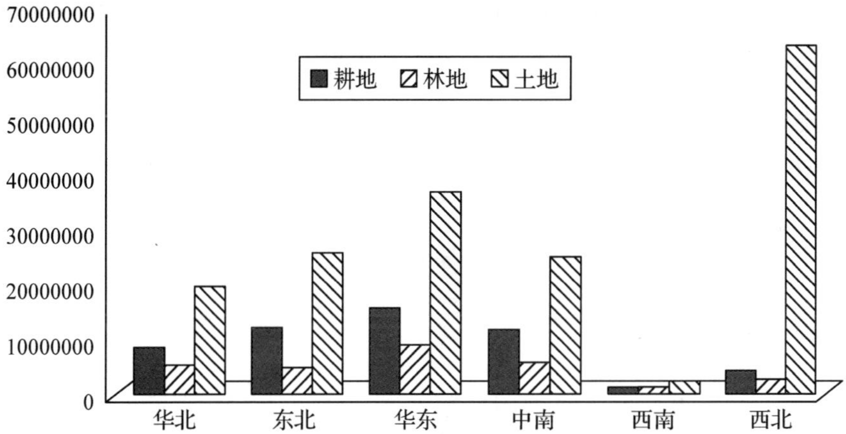

图 3-4 2005 年平原地区区域土地面积(单位：万公顷)

Fig. 3-4 Land types of the plain sample areas in 2005

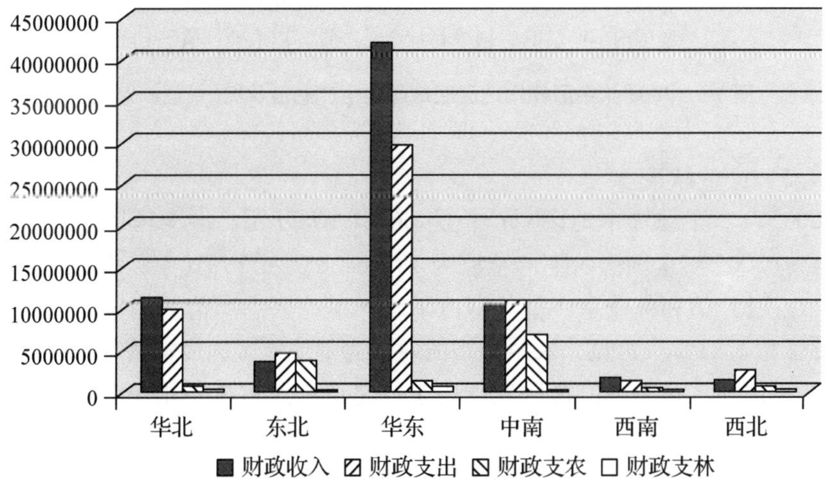

图 3-5 2005 年平原样本地区区域财政收支状况(单位：万元)

Fig. 3-5 Finance earning & expenditure statement of the plain sample areas in 2005

为华东地区(12295182.1 万元)、华北地区(1305522.7 万元)、西南地区(245224.0 万元)、中南地区(－472031.4 万元)、东北地区(－1000496.5 万元)和西北地区(－1138211.7 万元)；按照财政支农金额的大小依次排列为：中南地区(55.32%)、东北地区(27.77%)、华东地区(9.26%)、华北地区(3.7%)、西北地区(3.49%)和西南地区(1%)；按照财政对林业的投入大小依次排序为：华东地区(67.80%)、华北地区(12.11%)、中南地区(11.74%)、东北地区(4.06%)、西北地区(3.52%)和西南地区(0.77%)(如图3-5)。

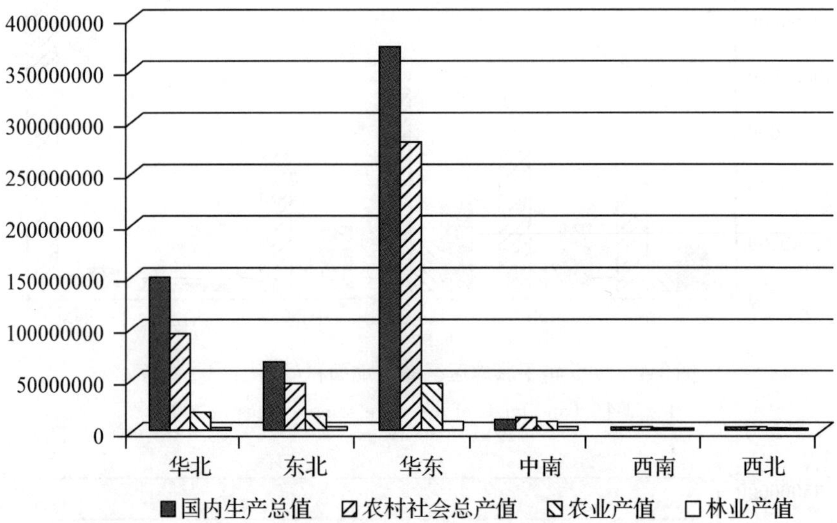

图3-6　2005年平原样本地区区域国内生产总值状况(单位：万元)

Fig. 3-6　GDP of the plain sample areas in 2005

3.4.1.5　产业状况

2005年，平原样本地区总产值为86121.67万元，占全国国内生产总值47.04%(2005年全国国内生产总值为183084.8万元)，其中，农村社会总产值、农业总产值和林业总产值分别占平原样本地区总产值的比重为63.35%、13.63%和2.41%。可见，农村经济的发展为平原地区国民经济做出了重要贡献，而平原地区林业产值在区域国内生产总值中所占比重很小，应该进一步发挥林业的经济功效。

按照区域划分，首先按照平原样本地区生产总值的大小依次排序为：华东地区(62.12%)、华北地区(24.68%)、东北地区(11.08%)、中南地区(1.69%)、西南地区(0.23%)和西北地区(0.19%)。

按照农村社会总产值的大小依次排序为：华东地区(65.07%)、华北地区(21.49%)、东北地区(10.18%)、中南地区(2.45%)、西北地区(0.53%)和西南地区(0.28%)。

按照农业产值的大小依次排序为：华东地区(53.26%)、华北地区(19.46%)、东北地区(18.23%)、中南地区(8.37%)、西北地区(0.53%)和西南地区(0.15%)。

按照林业产值的大小依次排序为：华东地区(61.94%)、华北地区(28.9%)、华北地区(8.27%)、中南地区(0.65%)、西北地区(0.2%)和西南地区(0.04%)(如图3-6)。

3.4.1.6 农作物及农民收入情况

2005年我国平原地区农作物总产量60736.40万吨，其中粮食作物产量26252.04万吨，油料作物产量1634.39万吨，经济作物产量27250.79万吨，其他作物7735.61万吨(如图3-7)。

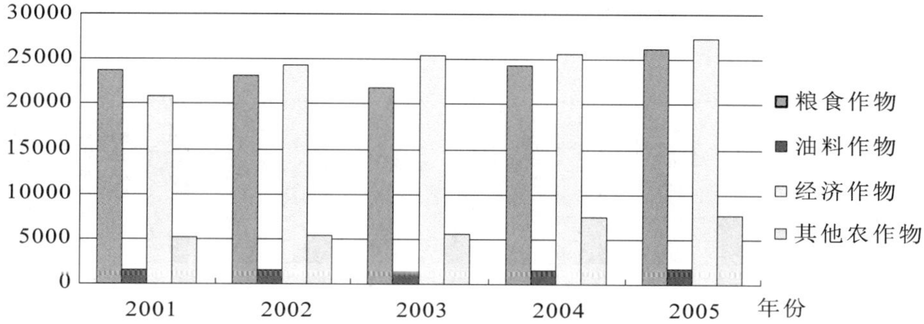

图3-7 2001~2005年平原样本地区农作物产量趋势(单位：万吨)

Fig. 3-7 Crop product in the plain sample areas from 2001 to 2005

在这里需要说明的是，林业是农业的生态屏障，农田林网是农田基本建设的重要内容。农田林网改善了农作物的生态环境，对农作物增产起到积极的作用。2005年平原地区78.10%基本农田已有农田林网庇护，一般有林网保护的农田能够增产10%~30%，若按10%估算，2005年全国平原区有林网庇护的农作物增产约为4734万吨。

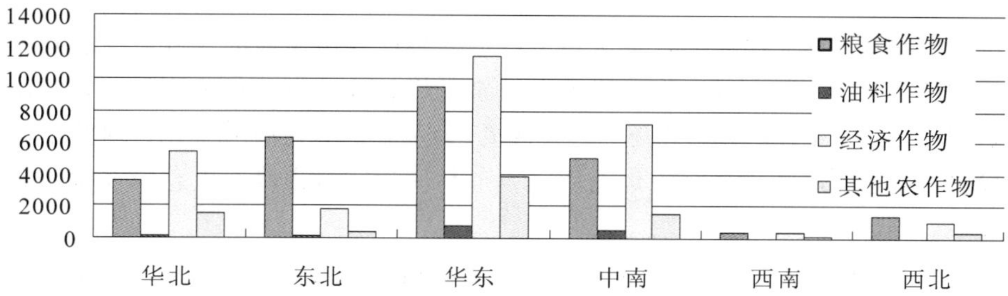

图3-8 2005年平原样本地区区域农作物产量趋势(单位：万吨)

Fig. 3-8: Crop product in the plain sample areas in 2005

2005 年从区域划分来看，华东、中南、华北和东北地区经济作物和粮食作物的产量较高，四大区域粮食作物和经济作物分别占平原样本地区总产量的 94.59% 和 93.07%。其中，粮食作物按照产量的大小依次排序为：华东地区(36.31%)、东北地区(23.84%)、中南地区(19.32%)、华北地区(13.59%)、西北地区(5.31%)和西南地区(1.63%)。经济作物按照产量大小依次排序为：华东地区(42.17%)、中南地区(26.19%)、华北地区(19.8%)(图 3-8)、东北地区、西北地区和西南地区，其中，后面 3 个区域所占比重 11.84%。原木产量按照产量大小排序为：华东地区、西南地区、华北地区、东北地区、中南地区和西北地区(图 3-9)。

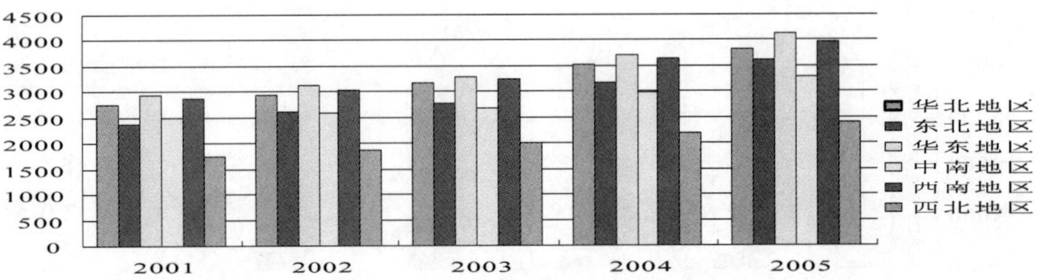

图 3-9　2001～2005 年平原样本地区原木产量趋势(单位：万立方米)

Fig. 3-9　Wood products in the plain sample areas from 2001 to 2005

2005 年，平原样本地区农民人均纯收入为 3687.66 元，比上年水平增加 10.86%，比同年全国农民人均纯收入(3254.93 元)高 432.73 元。分区域来看，农民纯收入按照大小依次排序为：华东地区、西南地区、华北地区、东北地区、中南地区和西北地区。

3.4.2　平原地区林业建设的现状分析

平原地区林业建设的状况，是平原地区林业经济发展的基础。经过几十年的林业建设，平原林业发展迅速，特别是以林业重点工程为带动，以农田防护林体系为主体，以村镇绿化(含城镇)为基础，结合通道绿化、河流干渠绿化，使平原地区造林面积迅速增加，造林质量明显提高，生态与环境明显改善。

截至 2005 年，全国平原样本地区活立木蓄积量达到 10.03 亿立方米，木材产量达到 2429.15 万立方米。全国平原样本地区林业用地折合面积达到 2508.85 万公顷，占全国林业用地面积的 8.88%，林木覆盖率达到 11.02%。按照林木覆盖率按大小排序依次为：西南地区林木覆盖率为 29.18%，华北地区林木覆盖率为26.57%，华东地区平原林木覆盖率为22.62%，中南地区平原林木覆盖率为21.90%，东北区林木覆盖率为7.06%，西北区平原林木覆盖率为2.27%。

下文将从林业建设的类型，即农田林网、农林间作、村镇绿化、绿色通道、片林具体分析我国林业建设的现状。

3.4.2.1 农田林网

截至2005年，平原地区农田总面积4395.62万公顷，宜建林网农田总面积3270.87万公顷，其中已建林网农田总面积2554.39万公顷，林网化控制率达到78.11%。农田林网林木总株数25.17亿株，林带折合总面积206.59万公顷，活立木总蓄积量为1.45亿立方米。

华北区：农田总面积796.54万公顷，宜建林网农田总面积618.05万公顷，其中已建林网农田总面积409.40万公顷，占宜建林网农田总面积的66.24%。农田林网林木总株数36628.34万株，林带折合总面积38.66万公顷，活立木总蓄积量为2927.73万立方米，单位面积的林木蓄积量为75.73立方米。各省份间差异较大，北京市、天津市农田林网化率均在90%以上，而河北省只有58%。华北区农田林网主要树种是杨树、柳树。

东北区：农田总面积1066.35万公顷，宜建林网农田总面积686.98万公顷，其中已建林网农田总面积534.35万公顷，占宜建林网农田总面积的77.78%。农田林网林木总株数63364.5万株，林带折合总面积41.11万公顷，活立木总蓄积量为3447.97万立方米，单位面积的林木蓄积量为83.87立方米。该区黑龙江省的农田林网化程度较高，达到86.63%。主要造林树种为杨树、樟子松。

华东区：农田总面积1425.51万公顷，宜建林网农田总面积1118.47万公顷，其中已建林网农田总面积945.32万公顷，占宜建林网农田总面积的84.52%。农田林网林木总株数70975.65万株，林带折合总面积69.27万公顷，活立木总蓄积量为3930.14万立方米，单位面积的林木蓄积量为56.74立方米。本区的山东省近年来农田林网的建设速度比较快，由2001年的69.35%到2005年的84.91%。平均以每年3个百分点的速度递增。主要树种为杨树、水杉、泡桐。

中南区：农田总面积755.31万公顷，宜建林网农田总面积544.86万公顷，其中已建林网农田总面积451.57万公顷，占宜建林网农田总面积的82.88%。农田林网林木总株数39773.71万株，林带折合总面积37.36万公顷，活立木总蓄积量为2456.71万立方米，单位面积的林木蓄积量为65.76立方米。该区的湖南、河南两省的农田林网化程度较高，分别达到 88.06% 和 88.46%。中南区农田林网主要造林树种为：水杉、落羽杉、桉树、杨树、泡桐。

西南区：该区仅四川一个省份，农田总面积 50.12 万公顷，宜建林网农田总面积 25.74 万公顷，其中已建林网农田总面积 15.52 万公顷，占宜建林网农田总面积的 60.31%。农田林网林木总株数 1431.01 万株，林带折合总面积 0.93 万公顷，活立木总蓄积量为 109.19 万立方米，单位面积的林木蓄积量为 117.24 立方米。该区的主要树种为喜树、桉树、水杉。

西北区：农田总面积 301.81 万公顷，宜建林网农田总面积 243.52 万公顷，其中已建林网农田总面积 170.31 万公顷，占宜建林网农田总面积的 69.94%。农田林网林木总株数 39508.45 万株，林带折合总面积 19.27 万公顷，活立木总蓄积量为 1629.97 万立方米，单位面积的林木蓄积量为 84.61 立方米。主要树种为杨树、沙枣等。

上述 6 个地区农田林网化程度的顺序为：华东 > 中南 > 东北 > 华北 > 西北 > 西南。

从各省份的林网化程度来看，林网控制面积在 90% 以上的有北京市和天津市，林网控制面积在 80% ~ 90% 的有山西、黑龙江、江苏、安徽、河南、甘肃、宁夏、湖南、浙江、山东 10 省(自治区)，林网控制面积在 60% ~ 80% 的有辽宁、上海、湖北、海南、四川、新疆、内蒙古、吉林、广西 9 省(自治区、直辖市)，低于 60% 的有河北、福建、江西、广东、陕西 5 省。

3.4.2.2 农林间作

截至 2005 年，全国宜间作总面积 670.11 万公顷，其中已间作面积 257.77 万公顷，占宜农林间作面积的 38.47 %。农林间作林木总株数 36138.27 万株，农林间作折合面积 32.50 万公顷，活立木总蓄积量 2228.93 万立方米。其中林粮间作 128.24 万公顷，林草间作 106.47 万公顷，林药间作 3.62 万公顷，林菜间作 8.96 万公顷，其他间作 10.49 万公顷。主要间作树种有杨树、泡桐、枣树、花椒、水杉、桉树等。

华北区：宜农林间作面积 85.55 万公顷，其中已建农林间作面积 25.07 万公顷，占宜农林间作面积的 29.30%，间作株数 7036.98 万株，折合面积 5.87 万公顷，活立木总蓄积量为 413.88 万立方米，单位面积的林木蓄积量为 70.49 立方米。

东北区：宜间作面积 41.09 万公顷，其中已间作面积 13.94 万公顷，占宜林间作面积的 33.93 %，间作株数 2588.97 万株，间作折合面积 1.71 万公顷，活立木总蓄积量为229.58万立方米，单位面积林木蓄积量为134.24立方米。

华东区：宜间作面积399.86万公顷，其中已间作面积162.62万公顷，占宜间作面积的40.67%，间作株数6259.31万株，间作折合面积5.52万公顷，活立木总蓄积量为416.75万立方米，单位面积的林木蓄积量为75.47立方米。

中南区：宜间作面积79.58万公顷，其中已间作面积27.41万公顷，占宜间作面积的34.44%，间作株数9138.63万株，折合面积4.85万公顷，活立木总蓄积量为568.05万立方米，单位面积的林木蓄积量为117.22立方米 。

西南区：宜间作面积6.32万公顷，其中已间作面积0.64万公顷，占宜农林间作面积的10.11%，间作株数877.16万株，农林间作折合面积0.38万公顷，活立木总蓄积量为34.59万立方米，单位面积的林木蓄积量为91.8立方米 。

西北区：宜间作面积57.71万公顷，其中已间作面积28.09万公顷，占宜农林间作面积的48.67 %，农林间作株数10237.22万株，农林间作折合面积14.18万公顷，活立木总蓄积量为566.08万立方米，单位面积林木蓄积量为39.93立方米 。

全国平原地区中，西北地区的农田间作近年来发展非常迅速，由2001年的39.93%发展到2005年的48.67%，平均以每年两个百分点的速度增加，中南地区也由2001年的28.53%发展到2005年的34.44%。

3.4.2.3 村镇绿化

截至2005年年底，全国村镇(包括城镇)绿化总面积335.49万公顷，村镇平均绿化率28.43%，村镇绿化林木总株数达到35.83亿株，活立木总蓄积量1.79亿立方米。其中：环村绿化面积137.29万公顷，活立木蓄积量6637.43万立方米；庭院及宅旁绿化面积153.83万公顷，活立木蓄积量9081.42万立方米；城镇街道绿化折算面积44.38万公顷，活立木蓄积量2242.86万立方米。

华北区：绿化总面积94.04万公顷，村镇绿化率45.16%，活立木总蓄积量2922.51万立方米。其中环村绿化面积14.76万公顷，活立木蓄积量902.29万立方米；庭院及宅旁绿化面积57.77万公顷，活立木蓄积量1549.89万立方米；城镇街道绿化折算面积21.51万公顷，活立木蓄积量470.33万立方米。

东北区：绿化总面积24.89万公顷，村镇绿化率9.96%，活立木总蓄积量2861.27万立方米。其中环村绿化面积10.42万公顷，活立木蓄积量947.59万立方米；庭院及宅旁绿化面积10.56万公顷，活立木蓄积量1246.89

万立方米；城镇街道绿化折算面积 3.91 万公顷，活立木蓄积量 666.79 万立方米。

华东区：绿化总面积 128.06 万公顷，村镇绿化率 30.92%，活立木总蓄积量 5938.40 万立方米。其中环村绿化面积 56.20 万公顷，活立木蓄积量 2177.46 万立方米；庭院及宅旁绿化面积 56.11 万公顷，活立木蓄积量 3215.54 万立方米；城镇街道绿化折算面积 15.75 万公顷，活立木蓄积量 545.40 万立方米。

中南区：绿化总面积 71.44 万公顷，村镇绿化率 35.67%，活立木总蓄积量 4780.25 万立方米。其中环村绿化面积 46.47 万公顷，活立木蓄积量 2171.84 万立方米；庭院及宅旁绿化面积 20.56 万公顷，活立木蓄积量 2206.64 万立方米；城镇街道绿化折算面积 4.41 万公顷，活立木蓄积量 401.76 万立方米。

西南区：绿化总面积 3.14 万公顷，村镇绿化率 20.13%，活立木总蓄积量 135.08 万立方米。其中环村绿化面积 1.49 万公顷，活立木蓄积量 28.03 万立方米；庭院及宅旁绿化面积 1.48 万公顷，活立木蓄积量 95.87 万立方米；城镇街道绿化折算面积 0.16 万公顷，活立木蓄积量 11.18 万立方米。

西北区：绿化总面积 13.94 万公顷，村镇绿化率 15.16%，活立木总蓄积量 1324.19 万立方米。其中环村绿化面积 7.95 万公顷，活立木蓄积量 410.21 万立方米；庭院及宅旁绿化面积 4.48 万公顷，活立木蓄积量 766.58 万立方米；城镇街道绿化折算面积 1.51 万公顷，活立木蓄积量 147.39 万立方米。

全国六大平原区的村镇绿化工作尤以华北地区最为突出，其村镇绿化率为 45.16%，远远高于全国的平均水平，而东北、西北两区的分别为 9.96%、15.16%，这与当地的自然环境和社会经济条件有关。

3.4.2.4　绿色通道

全国平原地区以高速公路、国道、省道、县道、乡村道、铁路沿线两侧及河流干渠两岸为重点的绿色通道建设近些年发展非常迅速。

截至 2005 年，我国平原区现有高速公路总里程 16879.09 千米，单侧宜绿化长度 24371.78 千米，单侧已绿化长度 21076.44 千米，绿化率 86.48%，折合绿化面积 10.56 万公顷，活立木总蓄积量 390.42 万立方米。

现有国道总里程 27147.99 千米，单侧宜绿化长度 42090.03 千米，单侧已绿化长度 39842.38 千米，绿化率 94.66%，折合绿化面积 7.69 万公顷，活立木总蓄积量 504.79 万立方米。

现有省道总里程 55257.70 千米，单侧宜绿化长度 77734.20 千米，单侧已绿化长度74835.57千米，绿化率96.27%，折合绿化面积16.45万公顷，活立木总蓄积量962.94万立方米。

现有县道总里程13.24万千米，单侧宜绿化长度18.04万千米，单侧已绿化长度16.50万千米，绿化率91.48%，折合绿化面积41.17万公顷，活立木总蓄积量1280.68万立方米。

现有乡村道总里程62.80万千米，单侧宜绿化长度85.73万千米，单侧已绿化长度70.48万千米，绿化率82.21%，折合绿化面积51.13万公顷，活立木总蓄积量3625.74万立方米。

现有铁路总里程21992.4千米，单侧已绿化长度22030.64千米，绿化率50.09%，折合绿化面积17.09万公顷，活立木总蓄积量304.55万立方米。

现有河流总里程17.55万千米，单侧已绿化长度20.38万千米，绿化率58.08%，折合绿化面积57.09万公顷，活立木总蓄积量3286.81万立方米。

现有干渠总里程17.33万千米，单侧已绿化长度20.07万千米，绿化率57.92%，折合绿化面积29.44公顷，活立木总蓄积量1554.62万立方米。

华北地区：高速公路绿化率为76.26%，国道绿化率为88.44%，省道绿化率为95.33%，县道绿化率为87.18%，乡村及以下级别道路绿化率为74.74%，铁路绿化率为43.32%，河流绿化率为54.91%，干渠绿化率为62.24%。主要绿化树种有杨、柳、槐、银杏、油松等。

东北地区：高速公路绿化率为87.96%，国道绿化率为98.41%，省道绿化率为99.22%，县道绿化率为93.24%，乡村及以下级别道路绿化率为87.62%，铁路绿化率为57.74%，河流绿化率为54.27%，干渠绿化率为62.04%。

华东地区：高速公路绿化率为93.42%，国道绿化率为99.73%，省道绿化率为97.88%，县道绿化率为91.25%，乡村及以下级别道路绿化率为80.56%，铁路绿化率为57.56%，河流绿化率为60.55%，干渠绿化率为53.32%。主要树种为杨树。

中南地区：高速公路绿化率为88.11%，国道绿化率为98.15%，省道绿化率为96.29%，县道绿化率为93.73%，乡村及以下级别道路绿化率为87.27%，铁路绿化率为53.45%，河流绿化率为64.01%，干渠绿化率为67.06%。主要树种有桉树、榕树、紫荆、樟树、阴香、白玉兰、羊紫荆。

西南地区：高速公路绿化率为88.17%，国道绿化率为89.94%，省道绿化率为97.14%，县道绿化率为94.53%，乡村及以下级别道路绿化率为85.41%，铁路绿化率为81.15%，河流绿化率为56.82%，干渠绿化率为68.35%。

西北地区：高速公路绿化率为71.66%，国道绿化率为79.32%，省道绿化率为81.89%，县道绿化率为90.38%，乡村及以下级别道路绿化率为78.09%，铁路绿化率为26.72%，河流绿化率为39.54%，干渠绿化率为51.24%。主要树种有杨树、沙枣、枣树、红柳、毛条、沙枣等。

综合各区绿化通道的绿化情况，国道、省道绿化率较高，铁路的绿化率较低。绿色通道2001～2005年绿化面积连年增长，截至2005年，植树22.96亿株，共建绿色通道143.27万千米，绿化总面积达230.625万公顷，平均绿化率由62.74%增至74.46%。其中高速公路绿化率从72.62%增至86.48%，铁路绿化率44.59%增至50.09%，国道绿化率从78.73%增至94.66%，省道绿化率从81.25%到96.27%，县道绿化率从78.93%增至91.48%，乡村及以下级别道路绿化率达67.57%增至82.98%。

3.4.2.5 片 林

截至2005年，我国平原地区片林总面积1703.63万公顷，活立木总蓄积量5.37亿立方米。其中用材林面积593.88万公顷，活立木蓄积量2.48亿立方米，主要树种有杨树、泡桐、柳树、桉树、速生相思、松树及其他阔叶树；防护林总面积645.35万公顷，活立木蓄积量2.36亿立方米，主要树种为杨树、泡桐、柳树等；经济林总面积366.48万公顷，活立木蓄积量3037.08万立方米，果品产量5279.05万吨，主要树种有杏、苹果、梨、枣、桃、柑橘、荔枝、龙眼等；其他林种（主要为特种用途林）总面积97.93万公顷，活立木蓄积量2240.24万立方米。

各大区中，2001～2005年，华北区片林蓄积量净增1291.73万立方米，达到6017.98万立方米；东北区蓄积量净增1937.21万立方米，达1.90亿立方米；华东区蓄积量净增4047.83万立方米，2005年达到12512.97万立方米；中南区净增3048.66万立方米，达10623.89万立方米；西南地区林木蓄积量净增266.26万立方米，截至2005年达1199.62万立方米；西北区林木蓄积量净增831.75万立方米，达4316.54万立方米。

综上所述，截至2005年，按照林业建设类型总面积排序，即农田林网折合面积、农林间作折合面积、村镇绿化面积、绿色通道面积和片林面积之和，按照面积大小依次排序为：华东地区（33.96%）、中南地区（20.38%）、华北地区（19.12%）、东北地区（16.54%）、西北地区（7.96%）和西南地区（2.03%），具体如图3-10所示。

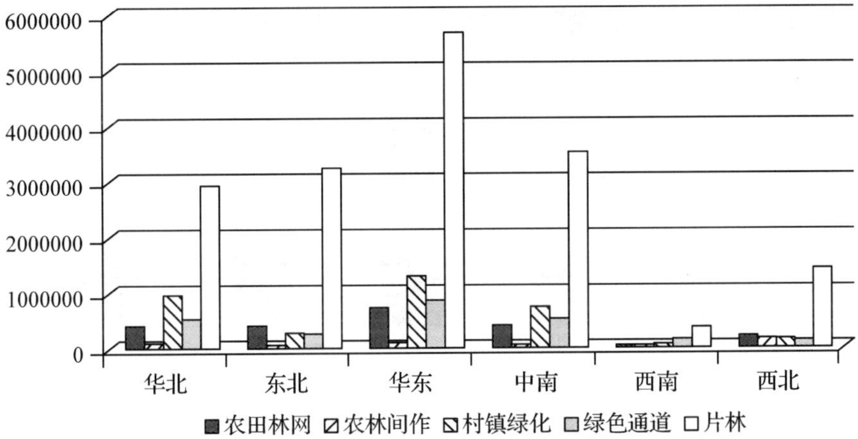

图 3-10 2005 年平原样本地区区域林业建设类型(单位：公顷)

Fig. 3-10 Forestry types in the plain sample areas in 2005

3.4.3 平原地区林业经济资源的现状分析

3.4.3.1 平原地区林业的投入现状

从 2001 ~ 2005 年，平原样本地区林业投入总计 725.37 亿元，占全国林业投入 2164.82 亿元的 33.51%。其中，2003 年平原林业样本地区林业投入金额最人，为 274.56 亿元，比 2002 年增加 198%，之后，林业投入递减，到 2005 年，比 2004 年增加 5.12%。主要原因在于林产品的市场价格变动。

从 2001 ~ 2005 年林业的投入结构分析，其投入渠道包括 4 种，即地方财政、林业部门、企业及个人和其他投入。从 2001 ~ 2005 年这 4 种渠道筹资比例分别为 31%、5%、55% 和 9%。如图 3-11 所示，可以看到在林业投入比例中，企业和个人的投入比例最高，达到林业投入规模的 50% 以上，而企业和

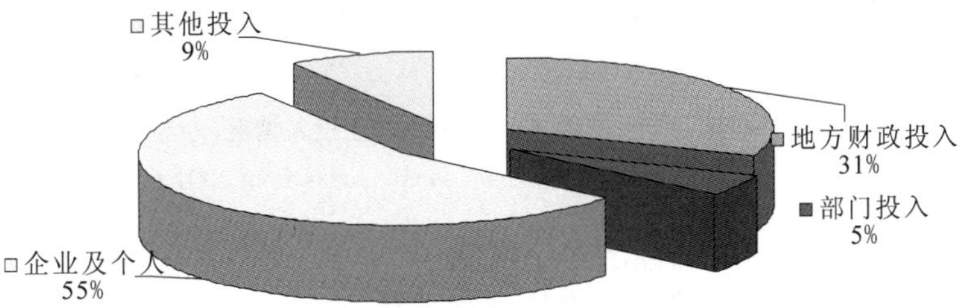

图 3-11 2001 ~ 2005 年平原样本地区林业累计投入结构

Fig. 3-11 Forestry input in the plain sample areas from 2001 to 2005

个人投资的目的是为了使企业利润和个人收益最大化，由此，投资林业的收益率是比较高的。

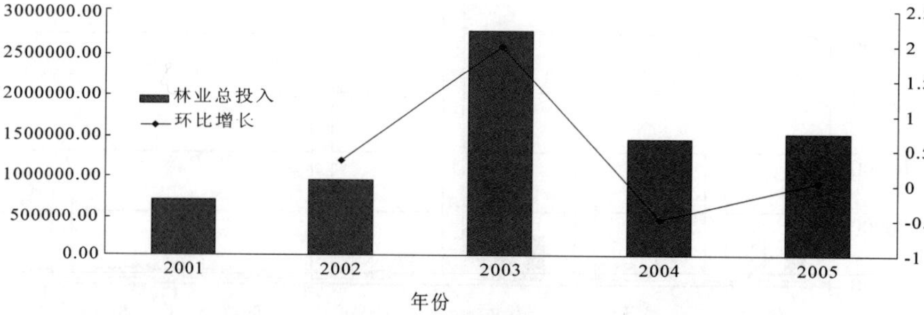

图 3-12　2001～2005 年平原样本地区林业投入情况(单位：万元)

Fig. 3-12　Forestry input in the plain sample areas from 2001 to 2005

从区域分析林业投入情况，可以得出如下结果。第一，华东地区对林业的投入最高，占平原林业样本地区总投入的 65.9%，其中，在华东地区主要投入渠道是企业及个人，占华东地区总投入的 58.53%，其次是地方政府，占华东地区总投入的 30.11%。第二，中南地区、东北地区和华北地区对林业的投入规模较为相近，分别为 13.3%、8.18% 和 7.58%。第三，西北地区和西南地区对林业的投入很少，分别为 3.13% 和 1.91%(图 3-13)。在区域投资结构中，相同的是：在每一个区域中，对林业投资规模最大的筹资渠道是企业和个人。这说明林业在收益方面，尤其对比于农业具有一定的优势。

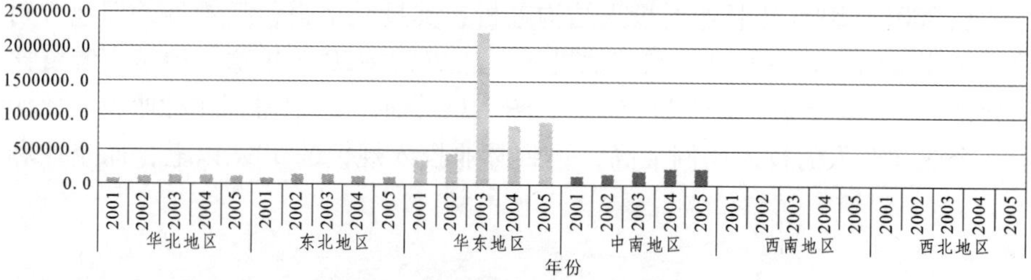

图 3-13　2001～2005 年平原样本地区区域林业投入情况(单位：万元)

Fig. 3-13　Forestry input in the plain sample areas from 2001 to 2005

3.4.3.2　平原地区林业的经济产出现状

平原地区林业的经济产出，直接体现了林业的经济功能，下文具体从林业的木材产出和非木材产出两个方面分析其资源现状。

木材主要包括原木、薪材和竹材；非木材产出主要是林副产品，具体指

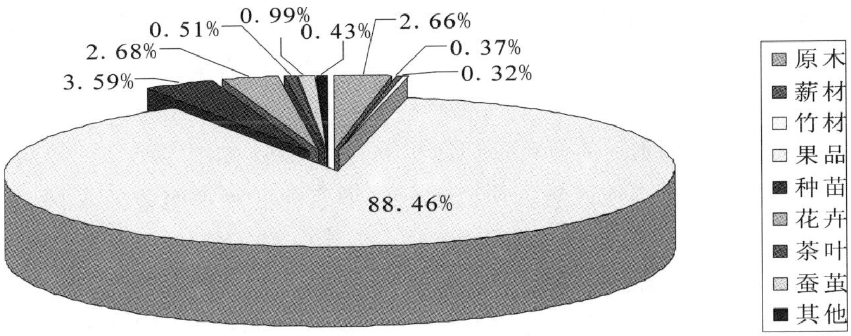

图 3-14　2005 年平原样本地区林业经济直接产出的产值构成

Fig. 3-14　GDP structure of forestry economic output in the plain sample areas in 2005

果品、种苗、花卉、茶叶、蚕茧和其他。2005 年，林业直接产出总产值共 4501.62 亿元，其中，木材产值占总产值 3.55%；林副产品产值中，果品产值占平原样本地区林业直接产出总产值的 88.46%，种苗占 3.59%，其余占 4.4%。本著作重点从林业产值方面分析评价林业经济的功效，即第 5、6、7 章，因而下文主要从实物产出量对区域进行分析。

(1)木材资源。截至 2005 年年底，我国平原样本地区活立木总蓄积量达到了 10.03 亿立方米，其中农田林网为 1.45 亿立方米，农林间作 2228.93 万立方米、村镇绿化 1.79 亿立方米，绿色通道 1.19 亿立方米，片林 5.37 亿立方米。实现平原样本地区木材资源总产值 550.97 亿元，占平原样本地区林业直接产出总产值的 3.55%。

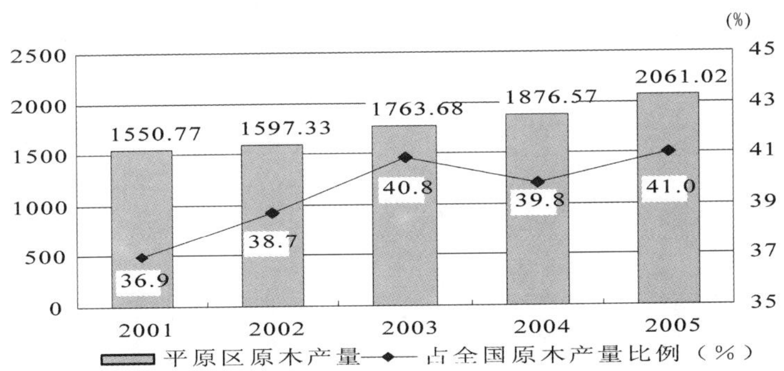

图 3-15　2001～2005 年平原样本地区原木产量趋势(单位：万立方米)

Fig. 3-15　Wood product in the plain sample areas from 2001 to 2005

2005年，平原样本地区生产原木2061.02万立方米，生产薪材368.13万立方米，生产竹材2.97亿根，平原样本地区木材产量占全国木材产量比例达到了43.7%，其中原木产量占全国总产量的41%。2001～2005年，平原样本地区木材产出占全国木材的比重呈现逐年上升的趋势(如图3-15)。

从全国各平原样本地区看，西南地区、华东地区和中南地区木材生产量最大，2005年木材产量分别为863.60万立方米、844.84万立方米和424.42万立方米，分别占平原地区木材总产量的35.55%、34.78%和17.47%。其余3个地区占平原样本地区总产量的12.2%。2001～2005年不同地区的木材产量，如图3-16所示。

2005年，平原样本地区薪材的总产量为368.12885万立方米。从区域而言，平原样本区薪材的高产区主要在华东地区、中南地区和西北地区，这3个产区当年的薪材产量占平原样本地区总产量的比重分别为40.89%、36.09%和17.62%，其余3个产区占5.4%(如图3-17)。

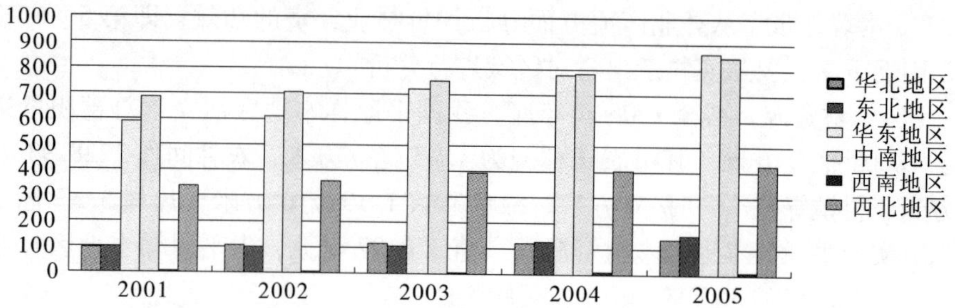

图3-16 2001～2005年平原样本地区区域木材产量对比(单位：万立方米)

Fig. 3-16 Wood product in the plain sample areas from 2001 to 2005

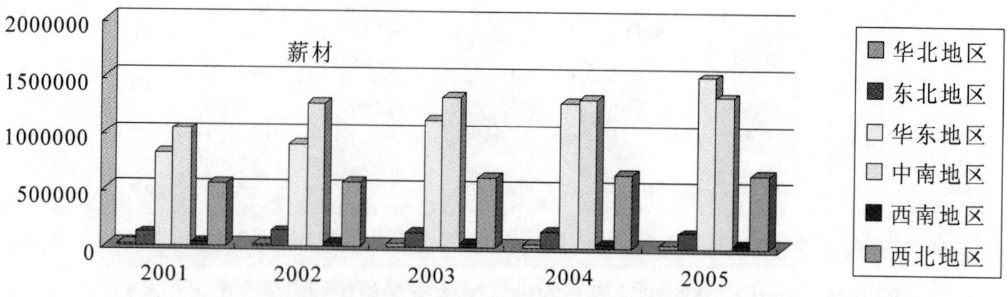

图3-17 2001～2005年平原样本地区区域薪材产量对比(单位：立方米)

Fig. 3-17 Firewood product in the plain sample areas from 2001 to 2005

2005 年，平原样本地区竹材的总产量为 29740.04 万根。从区域而言，平原样本区竹材的高产区主要在西南地区、中南地区和华东地区，这 3 个产区当年的薪材产量占平原样本地区总产量的比重分别为 36.77%、31.52% 和 31.38%；其余 3 个产区占 0.33%，其中，由于地理气候的原因，东北地区和华北地区是竹材的非产区(如图 3-18)。

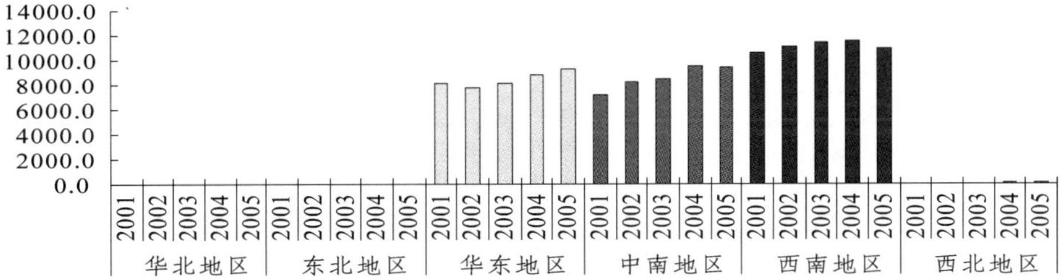

图 3-18 2001～2005 年平原样本地区区域竹材产量对比(单位：立方米)

Fig. 3-18 Bamboo product in the plain sample areas from 2001 to 2005

(2)非木材林资源。平原区在林网、林带、片林、四旁绿化及林粮间作时，广泛利用当地适宜树种资源，发展经济林、用材林和果树，在增加了木材产量的同时，也提供了大量的水果、干果、药材、茶叶、蚕茧等林副产品。林业的发展还带动了平原地区经济林的发展，形成了许多果品基地。2005 年，平原地区果品总产量 3438.04 万吨，种苗 6691613.4 万株，花卉 1271582.8 万盆，茶叶 80286.6 吨，蚕茧 16.75 万吨。

①平原地区果品生产现状分析。平原地区是我国重要的果品生产基地，2001～2005 年，平原样本地区果品产量总计为 152078303.3 万吨，实现产值 167207906.4 万元，占平原样本地区林业直接产出总产值的 91.27%，2005 年实现产值占林业直接产出总产值的 88.46%，为林业直接产出产值做出了重要的经济贡献(如图 3-19)。

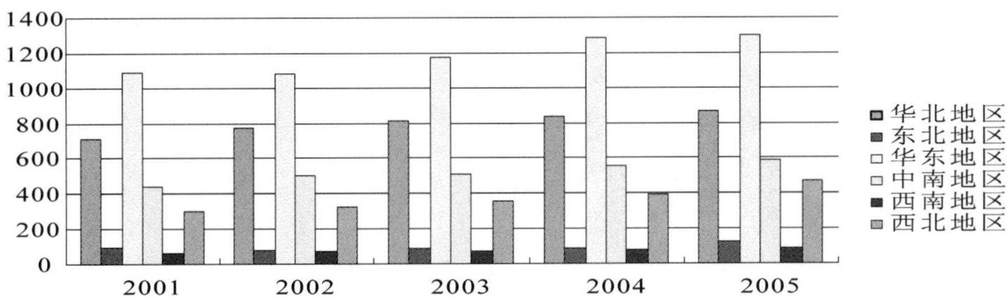

图 3-19 2001～2005 年平原样本地区区域果品产量对比(单位：万吨)

Fig. 3-19 Fruit product in the plain sample areas from 2001 to 2005

通过区域分析，我国果品的高产出平原地区主要集中在华东地区和华北地区，这两个区域2005年的产量分别为1299.53万吨和866.72万吨，分别占平原区产量的37.80%和25.21%。果品产量一般的区域是中南、西北地区，分别占平原样本地区果品总产量的17.2%和13.78%，上述4个产区总产量为93.99%，其余两个区域为果品低产区，仅占平原样本地区的6.01%。

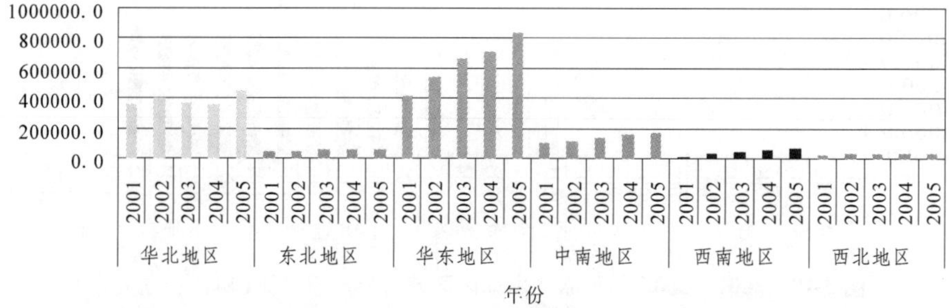

图3-20　2001～2005年平原样本地区区域种苗产量对比(单位：万株)

Fig. 3-20　Seedings in the plain sample areas from 2001 to 2005

②种苗生产现状分析。2005年，平原样本地区的种苗产量为1342524万株，产值达到6434315.6万元，是林业直接产出总值的0.37%(如图3-20)。

种苗高产区在华东、华北和中南地区，这三个区域的种苗产量分别占到平原样本地区种苗总产出的36.61%、31.14%和16.67%，其他3个产区占总产量15.58%，按产量大小依次排序为：西北(8.87%)、东北(5.30%)和西南(1.41%)。因而，华东和华北区域已成为我国平原地区最大的种苗生产基地，这与前文所述林业建设现状具有很大的关系，华北和华东地区是林业建设快速的区域，这两个区的农田林网、村镇绿化、绿色通道以及片林的建设在六大区域中均排名前3位。

③花卉生产现状分析。2001～2005年，平原样本地区的花卉产量达到326388万盆，从2001年到2005年平原样本地区花卉产量增加了46.12%。实现总产值4845715.8万元，占平原样本地区林业直接产出总产值的2.68%。

2005年，花卉高产区主要集中在华东、中南地区，两个区域当年花卉总产量分别为129224.4万盆和91272 .9万盆，分别占到平原样本地区总产量的39.59%和27.96%。华北地区花卉产量占16.24%，其余3个区占16.21%，分别为东北地区9.05%、西南地区6.46%和西北地区0.49%(如图3-21)。

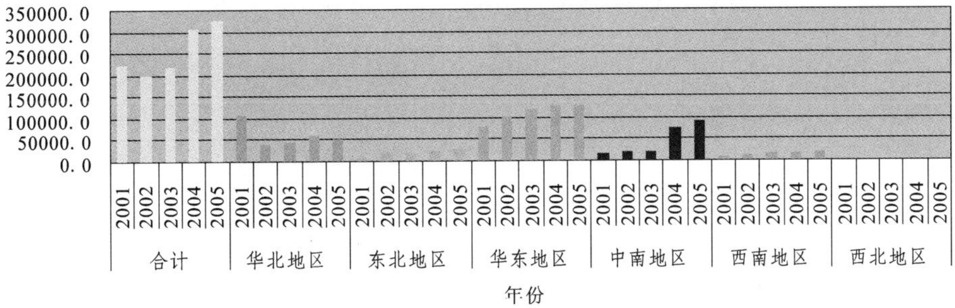

图 3-21 2001～2005 年平原样本地区区域花卉产量对比（单位：万盆）

Fig. 3-21 Flower product in the plain sample areas from 2001 to 2005

④蚕茧生产现状分析。2001～2005 年，平原样本区的蚕茧总产量平均为 179584.02 吨，2005 年其产量为 167541.05 吨，比平均水平下降 6.7%。实现产值 1848721.6 万元，占当年平原样本地区林业直接产出产值的 0.99 %。

蚕茧高产区主要集中在华东地区，2005 年的产量是 141510.17 吨，占平原区产量的 84.46%。而蚕茧的第二大产已是中南地区 2005 年产量为 17027.37 吨，仅占平原区产量的 10.16%（如图 3-22）。

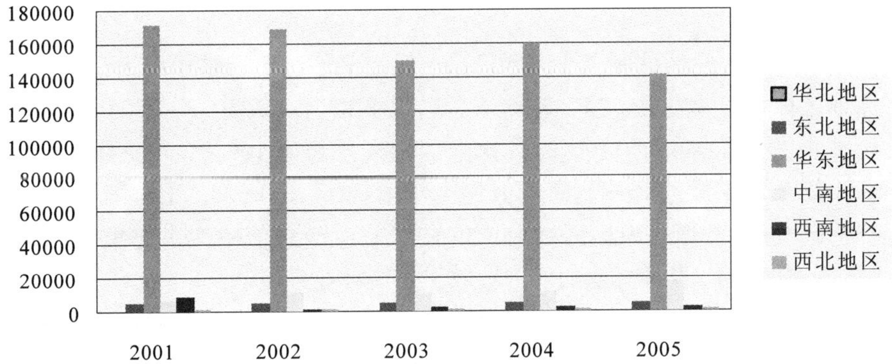

图 3-22 2001～2005 年平原样本地区区域蚕茧产量对比（单位：吨）

Fig. 3-22 Pod product in the plain sample areas 2001 to 2005

⑤茶叶生产现状分析。2005 年平原区的茶叶产量为 8.03 万吨，比上年增产 10.3%。当年实现产值 916195.2 万元，占平原林业直接产出产值的 0.51%。

茶叶高产区主要集中在华东、中南地区，2005 年两区的产量分别是 63776.70 吨和 12000.20 吨，分别占平原区产量的 79.44% 和 14.95%，其他 4

个地区占平原样本地区的5.61%。由此可见，茶叶生产区集中于华东地区(如图3-23)。

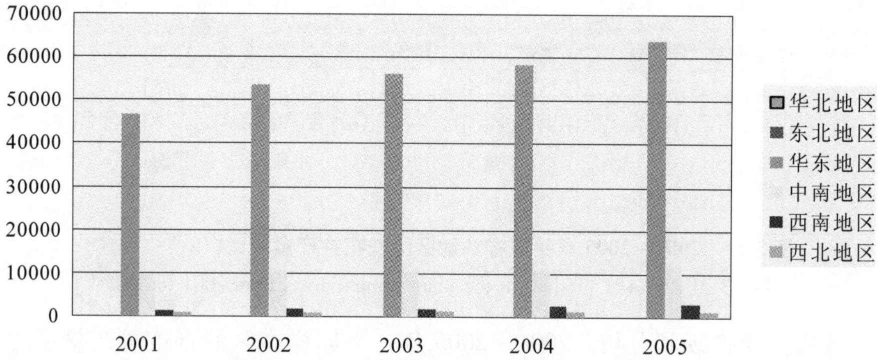

图3-23 2001~2005年平原样本地区区域茶叶产量对比(单位：吨)

Fig. 3-23 Tea product in the plain sample areas from 2001 to 2005

3.4.4 分析结论

通过平原地区的基本情况、林业建设和林业经济资源的现状分析，可以得出以下结论：

第一，平原地区林业产业发展迅速，但在平原国民经济中所占份额很小。平原地区林业产业发展迅速，基本与全国水平相当。从2001~2005年，平原地区林业总产值增长了116.7%，比全国同期增长率106.8%高近10个百分点；2005年，平原地区林业总产值比上年增加了20.11%，比全国同期水平22.7%低1.6%。但平原地区林业产值在平原生产总值中所占比重很小，仅2.41%，应该充分发挥林业的经济功效，发展林业经济。

第二，平原林业经济的区域发展不均衡。从平原林业经济发展区域来看，六大区域有着显著的不均衡性。本章将平原地区调查指标分为3类，即基础条件指标、林业投入要素指标和林业建设与经济产出指标。从基础条件指标分析，华东地区具有明显的地区优势，除了土地面积在平原地区面积中占21.35%，其余指标都达到30%，尤其是财政收入、区域生产总值、社会总产值所占平原地区的比重达到了60%以上，而西北地区和西南地区明显发展落后，西北地区除了土地面积比重达到37.02%，其余基础条件指标最高为人口比重，仅占平原地区总人口的6.18%；西南地区最高比重指标为人口，仅占平原地区总人口的2.25%。

表 3-2 平原地区区域指标结构比重汇总表 单位:%

Tab. 3-2 Index matrix

项 目	华北地区	东北地区	华东地区	中南地区	西南地区	西北地区
基础条件						
人口	15.25	10.03	41.41	24.86	2.25	6.18
农业人口	13.86	8.01	39.27	31.25	2	5.59
土地	11.17	14.95	21.35	14.45	1.06	37.02
耕地	15.58	23.05	30.24	22.4	1.17	7.57
财政收入	16.06	4.82	60.77	14.67	2.01	1.67
区域生产总值	24.68	11.08	62.12	1.69	0.23	0.19
社会总产值	21.49	10.18	65.07	2.45	0.28	0.53
粮食作物产量	13.59	23.84	36.31	19.32	1.63	5.31
经济作物产量	19.8	6.44	42.17	26.19	1.46	3.95
林业投入要素						
林地(林业建设总面积)	19.12	16.54	33.96	20.38	2.03	7.96
林业从业人口	12.15	2.8	44.56	35.41	1.63	3.44
财政对林业投入	12.11	4.06	67.8	11.74	0.77	3.52
林业投入	7.58	8.18	65.9	13.3	1.91	3.13
林业经济产出						
林业产值	28.9	8.27	61.94	0.65	0.04	0.2
木材产量	5.62	6.23	35.55	34.78	0.35	17.47
薪材产量	0.95	3.62	40.89	36.09	0.82	17.62
竹材产量	0.01	0	31.38	31.52	36.77	0.32
果品产量	25.21	3.63	37.8	17.2	2.38	13.78
种苗产量	31.14	5.3	36.61	16.67	1.41	8.87
花卉产量	16.24	9.05	39.59	27.96	6.46	0.49
蚕茧产量	0.05	3.31	84.46	10.16	1.51	0.51
茶叶产量	0	0	79.44	14.96	3.8	1.81
农民林业年纯收入	25.78	5.15	51.87	11.35	0.00	5.85

从林业经济的投入要素来分析，华东地区各项要素的投入比重最大，尤其是林业总投入和地方财政对林业的投入达到了平原地区总和的65%以上，而西北地区和西南地区投入要素的比重很小，西北地区投入要素中林地面积所占平原地区总和最大，仅7.96%，而西南地区投入要素的结构比重更低，最高指标为林地比重，也仅2.03%。

从林业的经济产出分析，同样华东地区的林业产出具有绝对优势，各项林业直接经济产出的比重均在30%以上，同时林业总产值的比重达到了61.94%。其次林业的经济产出发展较好的是中南地区和华东地区，当然由于气候条件，华东地区不适宜竹材和茶叶的生长，因而这两项比重很低。总体而言，西南地区的林业经济产出具有绝对的劣势。在林业直接的经济产出中，除了主材比重占36.77%，其余最高比重是花卉比重，仅占6.46%。由此可见，在平原地区不同区域林业经济功效的发挥有着显著的差异，各区域林业经济发展极其不均衡。

第三，平原地区林业经济直接产出的产值快速增加，结构向林副产品倾斜。平原林业的直接产出表现为木材资源和非木材资源，木材资源主要包括原木、薪材和竹材；非林木资源主要包括果品、花卉、种苗、茶叶、蚕茧等。从2001~2005年，林业直接产出的产值增长了79.61%。5年当中，原木产值的增长最快，达到90%以上，果品产值达到80%以上，薪材、种苗和花卉的产值约70%左右。

2005年，在林业直接产出的总产值中，木材资源的总产值仅占3.55%，非木材资源占96.45%，因此，林业的直接经济产出严重倾向于非林木资源。当然，由于目前天然林资源保护工程的实施，以及对生态公益林的保护对森林资源禁伐限伐，严重限制了林木资源的产出，同时，由于林业自身的特点，受自然条件和林木生长周期长的限制，使得林业经济的直接产出严重倾向于林副产品。因此，需要制定林业产业政策进行分类经营。

第四，平原林业建设的快速发展增加了对农业的经济贡献和农民的收入。2001~2005年，平原林业建设的发展水平是比较快的，与2001年相比，2005年林地的面积占平原林地总面积的比重增加6%，除了耕地面积增加了9%，林地面积是增加最快的。农田林网和农林间作的复合经营模式，增加了农业收入。2005年平原地区有78.1%的基本农田已由农田林网庇护，一般由农田林网的农田能够增产10%~30%，按10%估算，2005年全国平原地区有林网庇护的农作物增产约4734万吨。根据河南省农科院长期观测表明：在豫东、豫北沙质平原地区林网内小麦增产6.8%~17.6%、玉米增产5.5%~13.1%，花生增产4.7%~8.4%、棉花增产8.3%~12.8%、西瓜增产12.4%。据河南省林科院2007年在河南省新乡、开封两市测定，按250米×300米(112亩)、350米×400米(210亩)配置的农田林网，小麦减产区占8.6%~18.1%，平产区占12.8%~18.1%，增产区占63.8%~78.6%，平均增加单产12.3%~15.2%。由此可见，农田防护林体系不但改善了平原地区的生态与环境，而且对平原地区农业做出了重要的经济贡献。

林业建设的步伐加快和林业重点工程的实施，直接增加了农民的收入。在林业工程中，尤其是退耕还林工程和京津风沙源治理工程的实施，直接以钱粮补助的形式发放给退耕农户。同时，林业产业的快速发展，也提高了农民的收入水平。平原地区的农民人均纯收入明显高于全国农民人均纯收入，2005年平原区的农民人均纯收入达到3688元，华东地区和华北地区分别达到4137元和3817元。在北方平原地区农民种植杨树，1立方米木材的收入从五六百元到上千元不等，亩收入是农作物的3~6倍。

农林间作模式也是平原地区农民增收的重要来源之一。河南省因地制宜，在全省内采取林粮、林果、林菜、林药、林草间作等多种农林复合经营方式，大力发展速生丰产用材林、名特优新经济林，有力地促进了平原地区农村产业结构调整，提高了农民收入。2001~2005年，全省林业总产值增加近60亿元，农民从林业产业中人均增收400元。2001年，全省平原地区茶、桑、果产值达31.13亿元，占全省茶、桑、果产值的56.7%。2005年，全省平原地区茶、桑、果产值达39.17亿元，占全省茶、桑、果产值的57.8%。商丘市年林业总产值达23.6亿元，人均林业产值占农民年均纯收入的25.6%。宁陵县石桥乡刘花桥村发展“谢花酥梨”万余亩，年产酥梨1100万千克，仅此一项人均收入4540元，占人均纯收入的95%以上。西华县大力发展以大枣、苹果为主的经济林，面积达30多万亩，干鲜果品总产量近1亿千克。鄢陵县大力实施“以花富县、依花名县”战略，加快花卉“一廊两带”建设，截至目前，全县花卉种植面积达45万亩，产值达到16亿元以上，占农业总产值的34%，花木主产区人均纯收入达到7000多元。

第五，平原林业投入递增，资金投入结构以企业和个人投入为主。平原地区林业的投入规模增加，从投入的三要素，即资金、劳动力和土地而言，对比于2001年，2005年林地的投入增加了27.61%，在土地类型中是增加最快的，其次是园地增加最快，仅增加9.2%。这说明林业的土地要素投入规模显著增加；从劳动力投入而言，2005年，林业从业人员近亿人，比2001年增加了18.7%，而农业从业人员下降了4.3%，由于林产品的收益显著高于农产品，因而林业吸收了部分农业从业人员，增加了林业劳动力的投入；从资金投入而言，2005年林业总投入14.9亿元，比2001年增加了119.14%，比全国同期比重增加4.43%。其中，地方财政投入、部门投入和企业及个人投入分别增加了115.38%、140.64%、116.4%。从投入结构分析，2001~2005年，企业及个人累计投入占平原地区林业总投入的55%，占到了投入总额的一半以上，这有利于加快林业产业的发展，充分体现市场的功能，但由于林业主要是木材资源的经济外部性，在林业的资金投入方面，应该进一步发挥政府的职能，从贷款贴息、税收优惠、完善基金制度等多方面制定和完善产业政策，加大林业产业的扶持力度，加快林业产业的发展。

3.5 小 结

本章主要通过平原地区林业经济功效相关样本调查的基础上，研究平原地区林业经济资源禀赋的现状。首先，本章介绍了研究的调查方法和调查范围，基于普查和典型调查的方法，对平原地区26个省(自治区、直辖市)868个县进行了统一调查，对平原地区的农户和企业进行了典型调查。由于调查范围广，调查样本数量大，因而本研究的样本足以代表整个平原地区的情况。平原地区林业经济的发展具有4个特点，即平原地区林业经济的发展改善了平原地区生态环境增加粮食等农作物产量；平原地区提供了大量的木材、竹材和丰富的林副产品；促进地方经济发展和增加农民收入；平原地区林业经济发展仍处于自我调整阶段。通过对4个特点的分析，进一步分析影响林业经济功效的因素，即从林业经济的供给要素、宏观因素和中观因素3个方面对林业经济的发展进行了因素分析。最后，本章对平原地区林业经济的资源禀赋从基本情况、林业建设的现状和林业经济资源3个方面进行分析，本章认为平原地区林业产业发展迅速，但在平原国民经济中所占份额很小；平原林业经济的区域发展很不均衡；平原林业经济直接产出的产值快速增加，结构向林副产品倾斜；平原林业建设的快速发展增加了对农业的经济贡献和农民的收入水平；平原林业投入递增，资金投入结构以企业和个人投入为主。

4 平原地区林业经济功效的区域综合评价

在许多社会和经济问题的研究中，为了全面系统地分析某一个问题，往往都会设置多个统计指标，并尽可能详细地搜集数据资料。如区域经济发展水平、区域经济综合竞争力、地区经济发展潜力、城市经济综合实力等。这些综合评价指标的共同特点就是需要将多个相关指标合成一个综合指标，以反映各区域或城市在某一方面的综合水平。下文将从区域的角度，应用主成分分析法，对平原地区林业经济功效进行综合评价。

4.1 评价方法

林业经济效益的评价方法主要分为两类，即定性分析和定量分析。定性分析法多采用文献分析法和专家判断法，定量分析法主要采用统计方法，如投入产出法、回归分析法、线性规划法等。在具体分析中，经常采用定性分析法与定量分析法相结合的方法。

进行效益评价时，最关键的问题就是指标选取的依据或建模的可靠性。常用的方法是特尔斐法和层次分析法，这两种方法评价结果的可靠性主要依赖于建模人所建的概念模型的水平和打分人的专业水准。

4.1.1 主成分分析法和因子分析法的概念及其应用

4.1.1.1 主成分分析法的概念和应用

主成分分析是把反映样本某项特征的多个指标变量转化为少数几个综合变量的多元统计方法。具体是将原来的指标重新组合成一组彼此无关，即信息互不重叠的新的综合指标，同时，根据一定原则和实际需要，从中抽取较少的几个综合指标，来反映原来指标所携带的较高比例的信息量，也是数学上处理降维的一种方法。所以，主成分分析就是利用降维的思想，把多指标转化为少数几个综合指标的多元统计方法。

主成分分析法在经济统计研究中应用广泛。主成分分析是设法将原来众多具有一定相关性(比如 p 个指标)，重新组合成一组新的互相无关的综合指标来代替原来的指标。通常数学上的处理就是将原来 p 个指标作线性组合，并在所有的组合中选出 m 个，作为新的综合指标。它们不仅是包括信息量较多的前 m 个综合指标，而且其所能代表的信息量在原来指标全部信息量中的比例足够高。这 m 个综合指标按其所包括的信息量多少而依次被称为第一、第二、……、第 m 个主成分。这 m 个主成分不仅保留了原始变量的主要信息，而且彼此无关，同时又比原始变量具有某些更优越的性质。这使得我们在研究复杂问题时，容易抓住主要矛盾。

在主成分分析法的分析过程中，其所选择的第一个线性组合，即第一个综合指标 F_1，$\mathrm{Var}(F_1)$越大，表示 F_1包含的信息越多。因此在所有的线性组合中选取的 F_1应该是方差最大的，故称 F_1为第一主成分。如果第一主成分不足以代表原来 P 个指标的信息，再考虑选取 F_2，即选第二个线性组合，为了有效地反映原来信息，F_1已有的信息就不需要再出现再 F_2中，用数学语言表达就是要求 $\mathrm{Cov}(F_1, F_2)=0$，则称 F_2为第二主成分，依此类推可以构造出第三、第四，……，第 m 个主成分。

4.1.1.2 因子分析法的概念和应用

因子分析法与主成分分析法一样，都是多元统计分析中常用的一种方法。其基本思想是通过研究中多变量之间的内部依赖关系，寻求这些数据的基本结构，并用少数几个被称为公因子的不可观测变量，来表示基本数据结构。这些公因子能够反映原来诸多变量所代表的主要信息，从而有利于研究者达到简化数据结构，方便研究的目的。

因子分析法在区域经济和城市研究中，描述某些区域或城市综合特征的统计指标往往很多，但这些指标间往往有很强的关联性，使研究工作复杂化。运用因子分析可以反映某些区域或城市综合特征的诸多变量中，提取几个主要公因子，每个公因子代表一种重要影响，通过公因子的分析，可以分析出影响区域或城市经济发展的不可观测的主要影响因素，而且可以简化数据结构，请定综合评价数学模型的权重，从而计算出综合评价值。

本著作基于文献资料和现有的调研数据，采用主成分分析法和因子分析法。主成分分析法和因子分析法的评价结果，其可靠性主要依赖于分析过程和结果的可解释性以及主成分的方差贡献率。在林业经济评价的方法中，利用主成分分析法评价比较少见。张华(2007)应用主成分分析法，系统地对林业经济非均衡发展的可持续性进行了研究，其方法的应用和评价结果对本研究具有重要的参考意义。本著作基于指标相关分析的基础上，应用主成分分析法和因子分析法，对平原地区林业经济功效进行科学系统的评价。

4.1.2 评价步骤

评价步骤主要有3步：

第一，指标选取。根据调查区调查数据以及文献引用频次，将指标分为条件指标、规模指标、结构指标和效益指标，进行指标的初选。在此基础上进行指标的相关度分析，进行指标筛选。最后通过主成分分析验证指标的可行性。

第二，主成分分析。主成分分析法的评价步骤分为5步：

(1)指标数据标准化。通过指标的选取，并整理数据，对指标进行无量纲化处理，即数据标准化处理。所用公式为：

$$x_{ij} = (x_{ij} - \overline{x_j})/\delta_j \text{若} \delta_j = 0, \text{令} x_{ij} = 0 \quad (4\text{-}1)$$

(2)指标之间的相关性判定。利用相关度对指标间的相关性进行判断。

(3)主成分合成。主成分合成，主要是确定主成分个数 m 和建立主成分 F_i 表达式。将表4-1中的数据进行标准化处理，进行相关性分析等数学方法处理，将 p 个变量综合成 p 个新的综合变量。

新的综合变量由原来的变量线性组合而成，即：

$$\begin{aligned} y_1 &= \mu_{11}\chi_1 + \mu_{12}\chi_2 + \cdots + \mu_{1p}\chi_p \\ y_2 &= \mu_{21}\chi_1 + \mu_{22}\chi_2 + \cdots + \mu_{2p}\chi_p \\ &\cdots \quad \cdots \quad \cdots \quad \cdots \quad \cdots \\ y_p &= \mu_{p1}\chi_1 + \mu_{p2}\chi_2 + \cdots + \mu_{pp}\chi_p \end{aligned}$$

式中：y_1被称为第一主成分，是新的综合变量中方差最大的变量；

y_2被称为第二主成分，是除 y_1外方差最大的新的综合变量；

以下依次类推，y_p是方差最小的新的综合变量。

根据上述主成分合成，对相近特征进行主成分命名，并解释主成分。

(4)确定权重。将主成分划分并确定之后，计算主成分的权重，计算公式为：

$$W_i = \lambda_i \left(\sum_{i=1}^{m} \lambda_i \right)^{-1} \quad (4\text{-}2)$$

(5)计算综合评价值。通过权重的计算，选择具有代表性的主成分进行综合评价。通常少数几个主成分的累计贡献率达到85%时，说明这几个主成分可以代表原来的多个变量反映所研究区域的综合特征。根据这几个主成分进一步计算综合评价价值。

$$F = W_1 y_1 + W_2 y_2 + W_3 y_3 + \cdots + W_m y_m \quad (4\text{-}3)$$

4.2　指标的选取方法和原则

4.2.1　指标选取的方法

指标的选取，尤其是研究区域经济，利用主成分分析法是比较理想的方法。在区域经济的研究中，描述某区域特征的可选统计指标往往比较多，而这些指标又常常互不关联，因此，研究比较困难。而在具体研究过程中，选取指标过多不但会增加研究难度，而且会导致问题复杂化。选取指标过少又可能导致对研究对象影响较大的指标未能入选，而影响结果的可靠性。主成分分析法是解决这一问题的理想的多元统计工具。

假定有 n 个区域，有 p 个指标反映某些综合区域特征，表示为表4-1 所示矩阵。

表 4-1　综合区域特征矩阵

Tab. 4-1　General District Character Matrix

指　标 样　本	X_1	X_2	…	X_j	…	X_p
1	X_{11}	X_{12}	…	X_{1j}	…	X_{1p}
2	X_{21}	X_{22}	…	X_{2j}	…	X_{2p}
…						
i	X_{i1}	X_{i2}	…	X_{ij}	…	X_{ip}
…						
N	X_{n1}	X_{n2}	…	X_{nj}	…	X_{np}

这 p 个指标反映了 n 个区域间的差异。那么能否从这 p 个指标中提取出 m ($m<p$)个综合指标，使这 m 个综合指标仍能基本保持原来 p 个指标所反映的区域差异？如果原有各指标间是相互独立的，则意味着各指标间不可相互替代，否则减少指标会严重影响研究的可靠性。如果各指标间是完全相关的，则只要采用任何一个指标反映区域差异即可。实际是各个指标常常存在一定的相关性，既不完全独立又不完全相关，这就需要采用主成分分析方法，找到几个新的综合指标，达到既减少指标数量又能区分区域间差异的目的。

4.2.2　指标选取的原则

平原地区林业经济功效的综合评价，进行主成分分析评价的指标选取原则主要有 4 点：

第一，可行性原则。由于本研究基于平原地区 26 个省(自治区、直辖市)的样本区，数据量庞大，在数据处理和计算分析方面必须具有可行性。可行性原则是指在选择指标时既要考虑到指标体系的完整、科学，又要从实际出发，尽可能选择便于获取数据资料的指标，计算避免繁琐、复杂，应便于操作应用，评价方法易于掌握，为进一步研究奠定基础。

第二，客观性原则。指标体系要建立在科学分析的基础上，而不是主观创造，指标体系应能反映客观实际情况，并能反映出评估对象的本质内涵，即能够反映平原地区的林业经济功能和效益。

第三，系统性原则。若干具体指标共同构成一个评估指标体系，这些指标之间既是相互制约也是相互联系的，但同级指标应尽可能界限明确，使指标体系的系统性和整体尽可能达到最优。在平原地区林业经济功效的综合评价中，既要考虑区域的基本情况，也要考虑林业资源禀赋和林业的经济产出指标。

第四，独立性原则。应用主成分分析法，要求指标之间是相互独立的，各指标不能由其他指标替代，也不能由其他同级指标换算得来，应尽量避免包含关系。

第五，可比性原则。本著作分区域对平原地区的经济功效进行评价，因而要考虑县、市、省、区域 4 个层面数据计算结果的可比性。所以，本著作在进行指标评价时，运用绝对数进行分析评价。

4.2.3 指标选取的具体步骤

根据上述原则，将指标的选取具体分为 3 步骤。首先将平原地区 26 个省(自治区、直辖市)的数据进行分析归类，并按照文献频次和产业经济学与区域经济学评价的常用指标进行初次筛选。在此基础上，对指标进行相关性分析，再次筛选。最后，以主成分分析法进行指标验证。

(1)指标的初次筛选。指标的初次选取，是根据 2005 年林业统计年鉴和调查获取的数据指标为基础，根据指标选取的原则，共选取 25 个指标。数据源于平原地区普查的 26 个省(自治区、直辖市)的 206 个市(市域的数据是县域数据汇总的结果)，在做主成分分析时，为保证数据的有效性，去除了数据不完全的市，即内蒙古巴彦淖尔、黑龙江鹤岗和双鸭山、江苏徐州、江苏宿迁、浙江杭州、安徽淮北、陕西汉中、江苏镇江、广西柳州，最后确定了 197 个市。

表 4-2 初次选取指标汇总表

Tab. 4-2 Elementary index

指标类型	具体指标	单位
基础指标		
1 人口	(1)总人口	人
	(2)农业从业人口	人
	(3)林业从业人口	人
2 土地	(1)土地总面积	公顷
	(2)耕地总面积	公顷
	(3)林地面积	公顷
3 森林资源	(1)活立木蓄积	立方米
	(2)绿色通道折合面积	公顷
	(3)农田林网面积	公顷
	(4)农林间作面积	公顷
经济规模和结构指标		
1 产值	(1)总产值	万元
	(2)第一产业产值	万元
	(3)第二产业产值	万元
	(4)第三产业产值	万元
2 林业产值	(1)林业总产值	万元
	(2)林业第一产值	万元
	(3)林业第二产值	万元
	(4)林业第三产值	万元
	(5)木材产值	万元
	(6)非木材产值	万元
3 农业产值	农业总产值	万元
经济效益指标		
1 收入	(1)财政收入	万元
	(2)农民人均纯收入	元
	(3)农民林业年纯收入	元
2 林业投入	林业总投入	万元

应用主成分分析法，指标的数量占数据总数的比例越小效果越好。因而，本书选用了市级数据进行分析。通过市级数据的指标计算以确定省级指标，考虑到指标的口径统一和可比性原则，指标均选用绝对值指标。

(2)指标的相关度分析。通过指标的初次选取，进一步对选取的 25 个指标进行相关性分析，计算指标间的相关度，结果详见附表2。结果显示：土地总面积、农民人均纯收入、农林间作与各个指标间的相关度很小，而农田林网只与绿色通道相关，活力木蓄积只与林地面积相关，木材产值与林业第三产业相关，非木材则与农业从业人口和林业从业人口相关，所以，将相关度小的指标删去，并考虑到主成分分析法中的指标独立性选择，最终得到11个指标（表4-3），即：耕地总面积（公顷）、林地总面积（公顷）、县总人口（人）、国内生产总值（万元）、农业总产值（万元）、县财政收入（万元）、林业总产值（万元）、农民林业年纯收入（万元）、农业从业人口（人）、林业从业人口（人）、林业总投入（万元），这11个指标构成评价平原林业综合效益的指标评价体系。

表4-3　主成分分析法指标汇总表

Tab. 4-3　Index for principal component analysis

指标类型	具体指标	单位
基础指标		
1 人口	(1)总人口	人
	(2)农业从业人口	人
	(3)林业从业人口	人
2 土地	(1)耕地总面积	公顷
	(2)林地面积	公顷
经济规模指标		
产值	(1)总产值	万元
	(2)农业总产值	万元
	(3)林业总产值	万元
经济效益指标		
		万元
1 收入	(1)财政收入	元
	(2)农民林业年纯收入	元
2 林业投入	林业总投入	万元

4.3　平原地区林业经济功效的区域主成分分析

本研究应用SPSS统计工具，通过主成分分析法对平原地区林业经济功效按照区域进行评价。

4.3.1　市级层面主成分分析

4.3.1.1　市级层面的分析过程

首先，对调研地区 197 个市，14 个指标做主成分分析，KMO 值为 0.638，证明统计分析是有效的。

对 197 个市，11 个指标进一步做主成分分析，KMO 值为 0.743，证明分析是有效的，其结果见表 4-4。

表 4-4　KMO 的计算(县)

Tab. 4-4　KMO and Bartlett's Test

Kaiser-Meyer-Olkin Measure of Sampling Adequacy.		0.743
Bartlett's Test of Sphericity	Approx. Chi-Square	920.214
	Df	55
	Sig.	0.000

前 6 个主成分的累积方差为 86.42，说明前 6 个主成分的数值变化就可以基本代表前述 11 个原始变量的变化，这一结果也可由碎石图看出，主成分的计算结果见表 4-5，碎石图如图 4-1。

表 4-5　主成分计算结果表(县)

Tab. 4-5　Total Variance Explained

Component	Initial Eigenvalues			Extraction Sums of Squared Loadings		
	Total	% of Variance	Cumulative %	Total	% of Variance	Cumulative %
1	3.869	35.171	35.171	3.869	35.171	35.171
2	2.021	18.374	53.545	2.021	18.374	53.545
3	1.225	11.137	64.682	1.225	11.137	64.682
4	0.936	8.509	73.191	0.936	8.509	73.191
5	0.770	7.002	80.193	0.770	7.002	80.193
6	0.685	6.223	86.416	0.685	6.223	86.416
7	0.493	4.481	90.898			
8	0.331	3.008	93.905			
9	0.290	2.635	96.540			
10	0.228	2.068	98.609			
11	0.153	1.391	100.000			

Extraction Method：Principal Component Analysis.

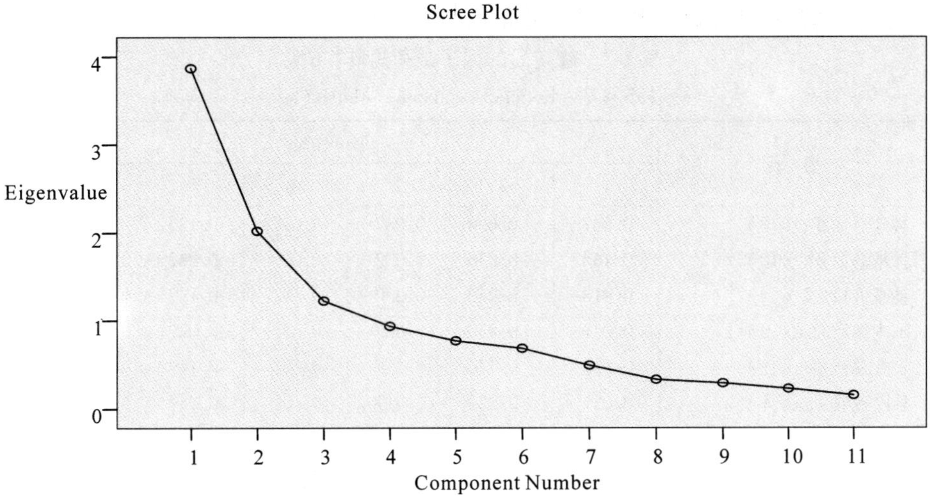

图 4-1 碎石图(市级)

Fig. 4-1 Scree plot

同时求得载荷矩阵，见表4-6。

表 4-6 主成分载荷矩阵(市级)

Tab. 4-6 Component Matrix(a)

指标	Component					
	1	2	3	4	5	6
耕地总面积(公顷)	0.614	-0.431	0.433	-0.026	-0.210	0.009
林地总面积(公顷)	0.187	-0.301	0.716	-0.145	0.506	0.204
县总人口(人)	0.826	-0.124	0.159	0.003	-0.310	0.069
国内生产总值(万元)	0.616	0.642	0.052	-0.084	-0.020	0.238
农业总产值(万元)	0.870	0.132	0.121	-0.097	-0.100	-0.298
县财政收入(万元)	0.362	0.752	-0.057	0.047	0.045	0.431
林业总产值(万元)	0.559	0.550	-0.023	-0.175	0.232	-0.470
农民林业年纯收入(万元)	0.583	-0.268	-0.322	0.196	0.465	-0.116
农业从业人口(人)	0.662	-0.458	-0.298	-0.172	-0.212	0.081
林业从业人口(人)	0.489	-0.386	-0.534	-0.221	0.215	0.256
林业总投入(万元)	0.421	-0.044	0.027	0.865	0.019	0.013

由于不易解释公因子的实际意义，因此通过因子旋转对数据进行进一步的处理。因子旋转在几何上相当于将因子空间的坐标轴旋转，通过正交或斜交旋转使因子载荷矩阵上每一列的元素能够尽量极化，以利于因子意义的解

释，本章所采用的旋转方法是方差最大法，结果见表4-7。

表4-7　旋转后的因子载荷矩阵(市级)

Tab. 4-7　Rotated Component Matrix(a)

指　标	Component					
	1	2	3	4	5	6
耕地总面积(公顷)	0.807	-0.094	0.087	0.027	0.125	0.332
林地总面积(公顷)	0.164	-0.036	0.003	-0.009	-0.012	0.964
县总人口(人)	0.818	0.243	0.200	0.152	0.172	0.041
国内生产总值(万元)	0.241	0.830	0.028	0.333	0.029	0.004
农业总产值(万元)	0.643	0.236	0.155	0.623	0.119	0.023
县财政收入(万元)	-0.051	0.929	-0.011	0.122	0.084	-0.053
林业总产值(万元)	0.073	0.335	0.045	0.895	-0.003	-0.023
农民林业年纯收入(万元)	0.072	-0.052	0.690	0.334	0.410	0.139
农业从业人口(人)	0.632	-0.040	0.633	0.004	-0.012	-0.129
林业从业人口(人)	0.171	0.059	0.893	-0.034	-0.060	-0.012
林业总投入(万元)	0.195	0.102	0.047	0.010	0.937	-0.020

4.3.1.2　市级层面的分析结论

根据表4-7，可得出如下结果：

第一主成分中，耕地总面积和县总人口比重较大，因此可以看出，第一主成分可以解释为林业基础指标。

第二主成分中，国内生产总值、县财政收入比重较大，因此，第二主成分可以解释为区域经济发展对林业的影响，即区域经济指标。

第三主成分中，林业从业人口所占比重较大，因此第三主成分可以解释为劳动力在林业中的投入，即林业的劳动力供给要素指标。

第四主成分中，林业总产值所占比重较大，因此第四主成分可以解释为林业产值指标。

第五主成分中，林业总投入所占比重较大，即第五主成分主要解释了林业投入对林业的贡献，即林业投入指标。

第六主成分中，林地总面积所占比重较大，即为林地面积作为生产要素之一，解释为林业的土地供给要素指标。

4.3.2　省级层面主成分分析

4.3.2.1　省级层面的主成分分析过程

根据上述指标对26个省(自治区、直辖市)进行统计分析，以及市级数据由县级数据汇总而来，因此对26个省(自治区、直辖市)进行分析时依然选取了这11个指标，即：耕地总面积(公顷)、林地总面积(公顷)、县总人口(人)、国内生产总值(万元)、农业总产值(万元)、县财政收入(万元)、林业总产值(万元)、农民林业年纯收入(万元)、农业从业人口(人)、林业从业人口(人)、林业总投入(万元)。

对26个省(自治区、直辖市)，11个指标做主成分分析，KMO值为0.669，证明统计分析是有效的，其结果见表4-8。

表4-8 KMO的计算(省)

Tab. 4-8 KMO and Bartlett's Test

Kaiser-Meyer-Olkin Measure of Sampling Adequacy.		0.743
Bartlett's Test of Sphericity	Approx. Chi - Square	398.501
	Df	55
	Sig.	0.000

用SPSS软件进行分析，前3个方差的累积贡献率是87.648，因此说明前3个主成分的数值变化就可以基本代表前述11个原始变量的变化，这一结果也可由碎石图看出，主成分的计算结果见表4-9，碎石图如图4-2。

表4-9 主成分计算结果表(省级)

Tab. 4-9 Total Variance Explained

Component	Initial Eigenvalues			Extraction Sums of Squared Loadings		
	Total	% of Variance	Cumulative %	Total	% of Variance	Cumulative %
1	7.253	65.939	65.939	7.253	65.939	65.939
2	1.845	16.776	82.715	1.845	16.776	82.715
3	0.543	4.933	87.648	0.543	4.933	87.648
4	0.488	4.439	92.086			
5	0.404	3.675	95.761			
6	0.279	2.536	98.297			
7	0.079	0.721	99.018			
8	0.051	0.465	99.483			
9	0.034	0.309	99.793			
10	0.019	0.177	99.969			
11	0.003	0.031	100.000			

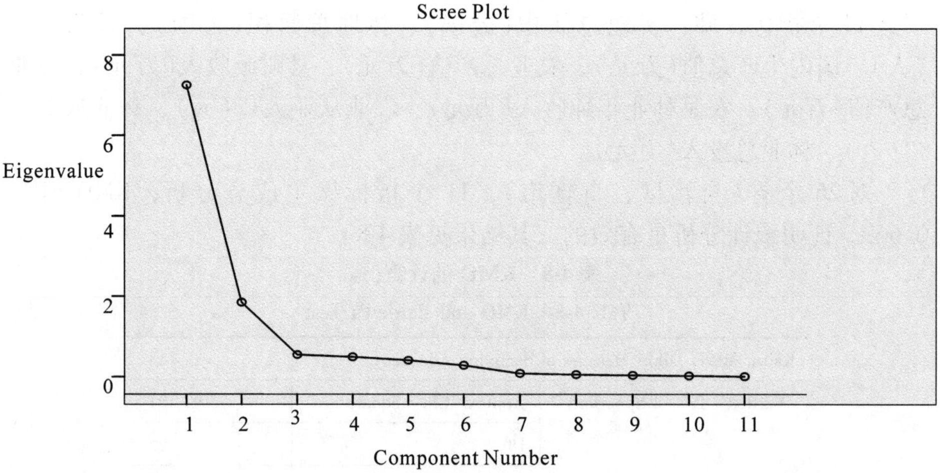

图 4-2　碎石图(省级)

Fig. 4-2　Scree plot

同时计算得出因子载荷矩阵，见表4-10。

表 4-10　因子载荷矩阵(省级)

Tab. 4-10　Component Matrix(a)

指　标	Component		
	1	2	3
耕地总面积(公顷)	0.774	-0.432	0.069
林地总面积(公顷)	0.842	-0.282	-0.373
县总人口(人)	0.965	-0.131	0.098
国内生产总值(万元)	0.798	0.524	0.063
农业总产值(万元)	0.952	0.066	0.067
县财政收入(万元)	0.441	0.778	0.184
林业总产值(万元)	0.778	0.475	-0.185
农民林业年纯收入(万元)	0.816	-0.178	-0.387
农业从业人口(人)	0.836	-0.390	0.345
林业从业人口(人)	0.839	-0.367	0.206
林业总投入(万元)	0.776	0.365	-0.038

同样由于不易解释公因子的实际意义，因此通过因子旋转对数据进行进一步的处理，处理后的因子载荷矩阵见表4-11。

表 4-11 旋转后的因子载荷矩阵(省级)

Tab. 4-11 Rotated Component Matrix(a)

指 标	Component		
	1	2	3
耕地总面积(公顷)	0.795	0.076	0.391
林地总面积(公顷)	0.542	0.188	0.774
县总人口(人)	0.783	0.434	0.397
国内生产总值(万元)	0.306	0.880	0.219
农业总产值(万元)	0.655	0.586	0.379
县财政收入(万元)	-0.013	0.907	-0.104
林业总产值(万元)	0.194	0.801	0.432
农民林业年纯收入(万元)	0.463	0.258	0.752
农业从业人口(人)	0.953	0.176	0.175
林业从业人口(人)	0.874	0.180	0.291
林业总投入(万元)	0.324	0.725	0.326

4.3.2.2 省级层面的主成分解释及综合评价结果

(1)省级层面的主成分解释。根据表4-11，可以得出如下结论：

第一主成分中，耕地总面积、县总人口、农业从业人口、林业从业人口占了较大的比重，可以看出第一主成分较好地反映了原来的大部分指标，并且主要解释为基础指标，即为林业的供给要素指标—耕地、劳动力等对地区经济的贡献。

第二主成分中，国内生产总值、县财政收入、林业总产值、林业总投入占了较大比重，因此可以将其解释为经济规模指标，主要反映了与林业相关投入产出对地区经济的贡献指标。

第三主成分中，林地总面积、农民林业年纯收入占了较大比重，因此可以将其解释为林地资源的投入对地区农民收入的影响。即农民的林业经济收益指标。

(2)省层面的权重计算。根据指标解释，进一步确定各主成分的权重：

$$W_1 = \lambda_1 \left(\sum_{i=1}^{3} \lambda_i \right)^{-1} = 7.253(7.253 + 1.845 + 0.543)^{-1} = 0.7523$$

$$W_2 = \lambda_2 \left(\sum_{i=1}^{3} \lambda_i \right)^{-1} = 1.845(7.253 + 1.845 + 0.543)^{-1} = 0.1914$$

$$W_3 = \lambda_3 \left(\sum_{i=1}^{3} \lambda_i \right)^{-1} = 0.543(7.253 + 1.845 + 0.543)^{-1} = 0.0563$$

(3)省层面主成分分值及综合评价结果。利用SPSS软件，可算出26个省(自治区、直辖市)的主成分得分，同时根据下述公式得出综合评价值：

$$F = W_1 y_1 + W_2 y_2 + W_3 y_3 \tag{4-4}$$

式中，W_i 为权重，y_i 为主成分值，表4-12即为主成分分值表。

表4-12 主成分分值及综合评价表(省)

Tab. 4-12 Comprehensive assessment on principle compound scores

排序	省(自治区、直辖市)	第一主成分分值 y_1	第二主成分分值 y_2	第三主成分分值 y_3	综合评价值
1	山东省	8.23	0.16	-1.44	6.140981
2	江苏省	4.56	3	0.52	4.033964
3	河南省	5.17	-2.81	2.56	3.495685
4	广东省	2.02	3.16	0.16	2.133478
5	河北省	3.19	-1.06	-1.16	2.131645
6	安徽省	2.53	-1.76	0.26	1.581093
7	浙江省	0.66	1.39	-0.54	0.732162
8	黑龙江	0.26	-1.3	-0.35	-0.07293
9	上海	-1.01	2.82	1.18	-0.15364
10	吉林	-0.28	-0.67	-0.54	-0.36928
11	辽宁	-0.69	-0.43	0.02	-0.60026
12	山西	-0.73	-0.52	-0.4	-0.67123
13	广西	-0.98	-0.57	-0.21	-0.85818
14	陕西	-1.25	-0.57	0.28	-1.03371
15	四川	-1.47	0.19	0.09	-1.06445
16	湖北	-1.42	-0.27	0.21	-1.10812
17	北京	-1.82	0.95	0.38	-1.16596
18	内蒙古	-1.45	-0.47	-0.55	-1.21176
19	新疆	-1.47	-0.62	-0.49	-1.25214
20	江西	-1.6	-0.3	0.02	-1.25997
21	湖南	-1.82	-0.27	-0.03	-1.42255
22	福建	-1.94	0.1	-0.12	-1.44708
23	海南	-1.89	-0.23	-0.13	-1.47319
24	天津	-2.09	0.25	0.31	-1.507
25	甘肃	-2.29	-0.09	0.02	-1.73887
26	宁夏	-2.41	-0.11	-0.05	-1.83691

表4-12表明以下结果：

第一，林业的综合经济效益排序。根据平原地区林业经济功能的综合效益分析，从省级层面来看，综合排名中山东、江苏、河南3省是前3名，而天津、甘肃、宁夏3省(自治区、直辖市)则排名靠后。在第一主成分中，即考虑林业的基础条件，主要包括耕地、劳动力等资源对林业的投入，则山东省排名第1；在第二主成分中，即主要包括林业总投入产出的因素，反映经济规模指标，则广东省排名第1；在第三主成分中，考虑林地对林业的投入和农民的林业收入，即经济效益指标，河南省排名第1。

从区域层面分析，华东地区的综合经济实力最强，在7个省份中，有5个省份的排名在前9位；西北地区的综合经济实力最差，在调查的4个省份，即陕西、甘肃、宁夏和新疆，除了陕西第14名，新疆19名，甘肃和宁夏为最后2名。

第二，地区林业经济综合效益存在显著的不均衡性。首先，各省份的综合经济排序分值存在显著差异。第1名山东省的综合分值为6.14，而最后一名宁夏回族自治区为-1.83。存在着显著的地域差异。

其次，华东地区的综合经济实力最强，但其省份的排序存在显著差异。在7个省份中，有5个省份的排名在前9位。其中综合经济效益最强的山东省和江苏省的分别为前一、二名。而其他两个省份福建和江西则处于后10个省份的倒数第五和第七名。华北地区5个省份中，河北省第五名，而天津市则为倒数第三名；中南地区6个省份中，河南省第三名，而海南省倒数第四名。因此，区域内部的省份存在着显著的地区不均衡性。可见，按照行政区划分区存在一定缺陷，可以进一步在考虑资源的情况下，对林业经济进行分区。

第三，地区资源的基础条件对林业经济综合经济效益的影响。从地区资源的基础条件，即主成分1分析，可以得出两点结论：①耕地、农业和林业劳动力的投入存在显著差异。第1名山东省的分值为8.23，而最后1名宁夏回族自治区的分值为-2.41。②地区的资源条件与综合实力存在一定的正相关性。地区农业、林业劳动力以及耕地的投入对区域的综合经济评价的结果基本呈线性同方向变动。

第四，林业投入要素对区域综合经济的影响。从林业的经济规模指标，即主成分2，分析林业的投入与产出对地区贡献的综合影响，可以得出以下两点结论：①地区林业投入与产出对当地的经济贡献差异不大。从排序看，第一名广东省得分3.16分，最后一名河南省-2.81分，由此，地区(省层面)间的林业总投入和总产值对当地经济的贡献较为均衡。②林业对区域经济贡献的供给因素—劳动力因素作用不大。劳动力的投入与林业投入产出的区域性经济贡献的关联性不强，即第一主成分与第二主成分之间的关联性不强。例如河南省在第一主成分，即林业劳动力供给对地区经济的影响中排名第二，而从林业的投入产出对区域的贡献，即第二主成分排序为最后一名；同样在第一主成分中排名第四的河北省在主成分中排名是倒数第四，而在第一主成分排名倒数第三的天津市则在第二主成分中排名第六。

从林地的投入和农民林业收入对当地的经济贡献分析，即主成分3，得出两点结论：①林业收益指标排序在地区间存在一定的均衡性。从主成分三的分值排序分析，第一名河南省，林业收益分值为2.56分；而最后一名山东省的林业收益分值为－1.44分，二者分值相差4分，与第一主成分、第二主成分的内部分值差异对比，主成分3在地区间存在显著的均衡性。即地区间林地的投入和农民林业收益在地区间是相对均衡的，也就是说，从林地的投入要素来看，其投入带动林业对地区农民收入的贡献基本一致。②农民林业收益、林业劳动力的投入和林业投入产出对地区的贡献基本是相互独立的。从主成分3的分值看，它与主成分1和主成分2不存在必然的联系，即农民林业收益的地区经济贡献、林业劳动力的供给要素对地区经济的贡献，以及林业投入产出对地区经济贡献三者是相互独立的，不存在必然的联系。比如：山东省在第三主成分中排名倒数第一，而在第一主成分中排名第一；河南省在第三主成分中排名第一，而在第二主成分中排名倒数第一。

4.4 小 结

本章通过应用主成分分析法，分区域对平原地区的林业经济功效进行了评价。目前对林业经济效益评价采取的方法多样，主成分分析法能够在一定程度上避免主观因素的干扰，由于样本数量大，足以支持主成分分析方法的应用，能够从客观上综合反映平原地区林业经济功效的区域状况。根据研究的评价步骤和指标选取原则，从级省层面和市级层面对平原地区林业经济功效进行了综合评价，并从林业的生产投入要素指标、经济规模指标和经济效益指标3个主成分，进行了省级层面的综合经济排序比较。

5 平原地区林业的规模经济评价

5.1 规模经济的经济学分析

5.1.1 规模经济的概念

规模经济研究的理论基础是西方经济学厂商理论的一个重要内容，同时规模经济又是技术经济学科较为关注的话题。有关规模经济的涵义，最初是在亚当·斯密的《国富论》中有过表述，后来，经济学家俄林对规模经济进行过较为系统的研究，但都没有对规模经济给出准确的概念。

随着对规模经济研究的不断深入，以保罗·萨缪尔森为代表的经济学家对规模经济进行了深入的研究，归纳出其涵义为：在投入增加的同时，产出增加的比例超过投入增加的比例，单位产品的平均成本随产量的增加而降低，即规模收益或规模报酬递增；反之，产出增加的比例小于投入增加的比例，单位产品的平均成本随产量的增加而上升，即规模收益或规模报酬递减。当规模收益递增时，称作规模经济(Economies of Scale)，规模收益递减时称作规模不经济(Diseconomies of Scale)。

在这里注意经济规模和规模经济的概念区别。经济规模是指在既定生产技术条件下，通过生产要素的优化组合，使产品生产单位获得最佳经济效益的规模生产；而企业追求规模经济，实际上就是重新配置资源、调整生产规模以达到既定生产技术条件下的经济规模，从而获取最大限额的规模效益。由此可见，经济规模是规模经济的原因，规模经济是经济规模的结果。经济规模还可以理解为一个企业最大限度地利用规模经济性所应当具有的生产规模，同时企业规模经济的存在是实现经济规模的前提。即规模经济是经济规模的结果，本著作通过对林业产业的经济规模分析以评价林业产业是否具有规模经济这种结果。

5.1.2 规模经济的经济层次

规模经济是经济规模的目标，规模经济分为 5 个层次，即：产品规模经济、工厂规模经济、企业规模经济、产业内规模经济和产业外规模经济。本文主要研究产业内规模经济。产业内规模经济，是在假定厂商规模报酬不变的情况下，同一产业内企业数或生产厂家的增加而导致产业规模的增加所带来的利益。上下游企业之间通过供求关系进行联结，在一条产业链上一个企业可能仅专注于它有核心竞争力的那一环。产业链上有许多价值增值点，各个增值点相连结形成价值链，不同的企业寻找自己最适合的价值增值点，承担一个部件、一个零件、一道工序或是仅完成一种职能。价值链方式在纵向相关的业务间建立了一种关系，它介于长期合同和完全拥有所有权之间。不同价值增值点上的企业，既相互联系又互相独立，关系较为松散，没有共同的、固定的层级式组织关系，决策高度分散。企业间通过优势互补而共同发展，使用共同技术、技巧，共享信息、管理经验等资源，追求多赢，分散风险，但也不排除相互竞争。需要指出的是，各个企业既可以在地理上分散，通过现代高效的网络通讯技术和手段进行联结合作，也可以是产业内企业向特定地区集中，加速信息、技能、技术、新思想传播和应用而带来的平均成本节约，形成“地区集中化经济”(Localization Economy)。正如美国麻省理工学院克鲁格曼教授所说，同类工业原材料供应者和工人聚集到一个地区，能够产生大批技术熟练的工人并把他们的新技术普遍带给各家工厂，从而造成繁荣。

5.2 平原地区林业规模经济的评价方法

5.2.1 平原地区林业规模经济评价的框架

根据规模经济理论：由于生产费用中固定费用和可变费用的构成及市场开发过程等因素的影响，产业发展客观上存在着生产费用最低的最优经济规模。在未达到最优规模以前，单位生产费用处于递减过程，继续扩大规模会增加利润。

日本的经验表明，后起国家在经济赶超阶段必须坚决贯彻集中优先和利用规模经济的原则，宁可暂时容忍寡头垄断和牺牲竞争活力，这样才能保证产业迅速成长和获得国际竞争力，打破原先发达国家在国际市场上的“先行者垄断”，使社会获得长远的发展好处(刘家顺，2006)。

本著作基于产业规模经济理论，在产业规模经济的一般分析的基础上，进一步利用集中度对平原地区林业产业进行规模经济分析和评价。其中，一般分析是基于规模经济的概念，通过计算产出比率和投入比率，对比二者的规模，如果产出比率大于投入比率则具有规模效益(如图 5-1)。

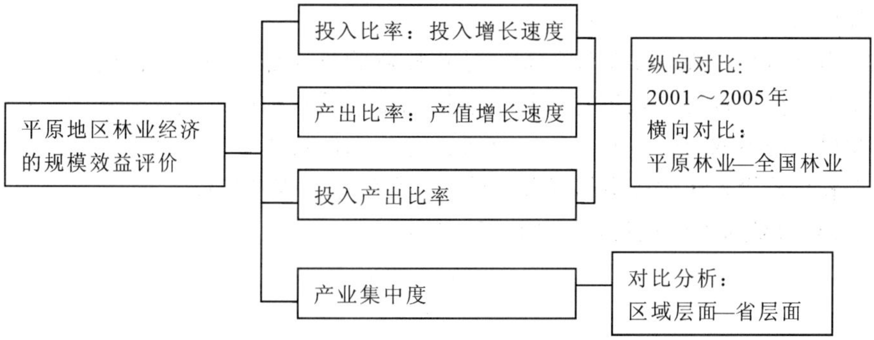

图 5-1 平原地区林业经济规模效益分析框架

Fig. 5-1 Analysis Frame on Forestry Economic Scale Benefit in Plain areas

5.2.2 评价指标

本章主要采取指标分析法，按照平原地区林业规模经济效益的分析框架，对平原地区林业规模经济进行一般性的分析和深层次分析与评价。

5.2.2.1 一般性分析的评价指标

平原地区林业规模经济效益的一般性分析，主要利用指标分析法，计算平原地区林业的投入比率、产出比率和投入产出比率，具体公式包括：

第一，林业投入比率。林业投入是指为发展林业而进行的诸多生产要素的投入，指在一定的制度安排和科技条件下，林业生产所需某些要素在数量上的扩张。主要表现为资金投入、

物质投入和劳动投入，也就是我们通常所说的财力、物力、人力三者之和，本部分主要涉及资金投入。具体公式为：

(1)林业投入的环比增长速度：

$$r = \frac{a_i - a_{i-1}}{a_{i-1}} \tag{5-1}$$

式中，a_i 为第 i 年的林业资金投入。

该指标主要反映相邻 2 年林业投入的变化趋势，通过历年林业投入的环比增长速度，说明对林业投入规模的总体趋势。

(2)地方财政投入、部门投入、企业和个人投入以及中央和自筹投入 4 种渠道对林业投入的环比增长速度：

$$y = \frac{b_i - b_{i-1}}{b_{i-1}} \tag{5-2}$$

式中，b_i是第 i 年地方财政/部门/企业和个人/中央投入和自筹对林业的资金投入。

由于木材资源的政策性限制，导致林业的负外部经济，从而财政对林业产业以直接投资的方式进行扶持，该指标主要反映财政，尤其是地方财政对林业投入规模的总体趋势。除此之外，分析部门投入、企业和个人投入以及中央和自筹投入 3 种渠道的资金对林业资金的投入规模趋势。

(3)林业基本建设投资环比增长速度：

$$w = \frac{c_i - c_{i-1}}{c_{i-1}} \tag{5-3}$$

式中，c_i 为第 i 年的用于林业基本建设投资的资金。

由于平原地区财政对林业的投入用途主要是用于林业基本建设投资，因而分析林业基本建设投资的环比增长速度，分析其规模趋势。

第二，林业产出比率。林业产出比率分为两种，一种是以产值为基础进行的计算，包括平原地区生产总值环比增长速度和平原地区林业总产值环比增长速度，平原地区人均生产总值环比增长速度和平原地区人均林业总产值环比增长速度。以产值为基础的指标涉及平原地区总体规模趋势和平原地区六大区域的规模趋势。另一种是以纯收入为基础计算的指标，包括农民人均纯收入的环比增长速度、农民人均林业纯收入的环比增长速度。

以产值为基础进行计算的指标公式为：

(1)平原生产总值环比增长速度：

$$r = \frac{a_i - a_{i-1}}{a_{i-1}} \tag{5-4}$$

式中，a_i 为第 i 年的平原生产总值。

平原生产总值环比增长速度，是以平原地区相邻 2 年的生产总值计算，通过 2001 ~2005 年的环比增长速度，反映平原地区总体产出的规模趋势。

(2)平原生产总值人均环比增长速度：

$$R = \frac{\frac{a_i}{p_i} - \frac{a_{i-1}}{p_{i-1}}}{\frac{a_{i-1}}{p_{i-1}}} \tag{5-5}$$

式中，a_i 为第 i 年的平原生产总值，p_i 为第 i 年的平原地区人口数。

平原地区人均生产总值环比增长速度，是考虑了人口的影响因素来计算其规模趋势，本书主要通过 2001 ~2005 年平原地区人均环比增长速度，对比于平原地区林业人均产值环比增长速度，反映平原地区考虑人口因素的产出规模趋势。

(3)平原林业生产总值环比增长速度：

$$y = \frac{b_i - b_{i-1}}{b_{i-1}} \tag{5-6}$$

式中，b_i 为第 i 年的平原林业生产总值。

平原地区林业生产总值环比增长速度，是以平原地区相邻两年的林业生产总值计算，通过 2001 ~2005 年的环比增长速度，反映平原地区林业总体产出的规模趋势。

(4)平原林业生产总值人均环比增长速度：

$$Y = \frac{\frac{b_i}{p_i} - \frac{b_{i-1}}{p_{i-1}}}{\frac{b_{i-1}}{p_{i-1}}} \tag{5-7}$$

式中，b_i 为第 i 年的平原林业生产总值，p_i 为第 i 年的平原地区人口数。

平原地区人均林业生产总值环比增长速度，是考虑了林业从业人口的影响因素来计算其规模趋势。

考虑平原地区区域林业产出经济规模水平的指标有 2 个，即区域三次产业环比增长速度和区域林业三次产业比重。具体计算公式如下：

(1)区域三产环比增长速度：

$$r_i = \frac{a_i - a_{i-1}}{a_{i-1}} \tag{5-8}$$

式中，i 为第 i 产业的环比增长速度，$i = 1$，2，3；a_n 为第 n 年的产业产值。

(2)区域林业三产产值与区域三产产值的对比：

$$t_i = \frac{a_i}{b_i} \tag{5-9}$$

式中，a_i 为区域林业第 i 产业的产值，b_i 为区域经济第 i 产业的产值。

以纯收入为基础进行计算的指标公式为：

(1)农民人均纯收入环比增长速度：

$$N = \frac{e_n - e_{n-1}}{e_{n-1}} \tag{5-10}$$

式中，e_n 为第 n 年农民人均纯收入。

该指标通过计算2001年到2005年农民人均纯收入的环比增长速度，分析平原地区农民人均纯收入的规模趋势。

(2)农民林业纯收入环比增长速度：

$$l = \frac{f_i - f_{i-1}}{f_{i-1}} \tag{5-11}$$

式中，f_i 为第 i 年林业纯收入。

由于平原地区林业经济功效的发挥给农民带来了较大的收益，因而为了体现平原地区林业经济效益，计算了农民林业纯收入环比增长速度，以此反映农民从事林业生产的经济规模趋势。

第三，投入产出比率。通过投入产出的规模趋势对比分析，研究平原地区林业经济的规模效益。具体采用比较分析法，一种是纵向比较，通过平原地区林业投入与产出的规模趋势分析平原地区林业是否具有规模效益，如果其产出的增长速度高于投入的增长速度，则体现边际效益递增，具有规模效益。一种是横向比较，通过平原地区不同区域和不同省份的产出与均值对比，分析区域层面的规模经济。横向对比注意使用生产总值指数。生产总值指数是衡量区域经济发展规模的指标，它表明地区发展的经济积累。

区域林业生产总值指数的具体计算公式为：

区域林业生产总值指数 = 区域林业生产总值/平原地区6个区域的林业生产总值的平均值

$$w = \frac{c_i}{\sum c_1 + c_2 + \cdots + c_n} \tag{5-12}$$

式中，c_i 为第 i 区域的林业生产总值。

5.2.2.2 深层次分析的评价指标

基于平原地区林业经济功效，分析平原地区及其区域是否具有规模经济效益，在一般性分析的基础上进一步分析平原地区及其区域的集中度，通过集中度分析平原地区及其区域的产业集聚效应，即产业规模。在此基础上，以区位商指标深入分析不同区域的优势产业，为产业政策的制定提供理论支持。

第一，产业集中度分析。产业集聚是某种特定产业中相互关联的，在某个特定的地理区域高度集中的现象，也是产业资本要素在空间上不断汇聚的过程。

产业集中度的衡量指标有绝对指标、相对指标和赫希曼·哈菲德尔指数。

由于数据的可行性，本书选择赫希曼·哈菲德尔指数(简称H·I)。H·I也是产业经济学中衡量市场结构的一个常用指标，是行业内所有企业的市场份额的平方和。本书使用此指数表示各地区产业产值比重的平方和。H·I考虑了所有地区的产业占有率。同时，考虑不同规模的不同影响力，即给予规模较大企业的前几位以较大的权重，从而能反映地区的数目及其规模分布的差异性。运用H·I的原理，本书将其指数用于区域经济学的产业规模效益的分析中，具体公式为：

$$H \cdot I = \sum_{i=1}^{n} (X_i/X)^2 \tag{5-13}$$

式中，X_i 为平原地区区域某产业的产值，X 为平原地区所有该产业的产值和。

第二，产业区位商分析。区位商又称专门化率，它是区分地域分工格局的基本指标，在地域分工中，表示某种产业或产品生产区域化的水平，通过产业或产品生产区域化的比较，也就显现出地域分工的基本格局，是现代经济学中常用的分析区域产业布局和产业优势的指标。

区位商是一个地区某种产业生产产值(劳动力)在该地区所有产业产值(劳动力)中所占的比重与全国该产业产值(劳动力)占全国所有产业该指标的比重之比。具体的计算公式如下：

$$Q_1 = (Y_{ai}/Y_a)/(Y_i/Y) \tag{5-14}$$

式中，Q_1 为产值区位商；Y_{ai}为 a 地区某产业的产值；Y_a 为 a 地区所有产业的产值；Y_i 为全国某产业的产值；Y 为全国所有产业的产值。

根据集中度和区位商的计算分析，将平原地区不同区域的规模经济以不同比较优势产业进行分类划分，对于平原地区规模经济效益的形成和提高极其重要。

5.3　平原地区林业规模经济分析和评价

根据上述指标的计算，本著作进一步对平原地区林业规模经济进行一般性分析和深入分析与评价。

5.3.1　平原地区林业规模经济的一般性分析

平原地区林业规模经济的一般性分析，主要以3类指标进行计算分析和评价，即平原地区林业的投入指标、产出指标和投入产出分析。

5.3.1.1　平原地区林业的投入规模分析

平原地区及其区域林业投入规模主要计算 3 个指标，即林业投入环比增长速度、林业投入内部结构的环比增长速度，具体有地方财政投入、部门投入、企业和个人投入、中央和自筹对林业投入的环比增长速度，以及林业基本建设投资的环比增长速度(如图 5-1)。

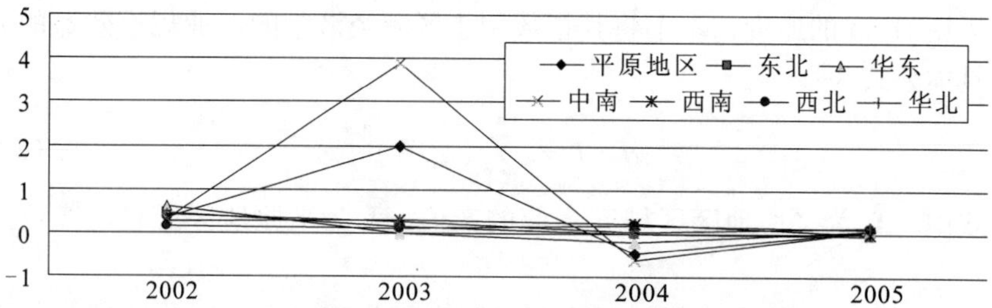

图 5-1　林业投入环比增长趋势

Fig. 5-1　Forestry inputs

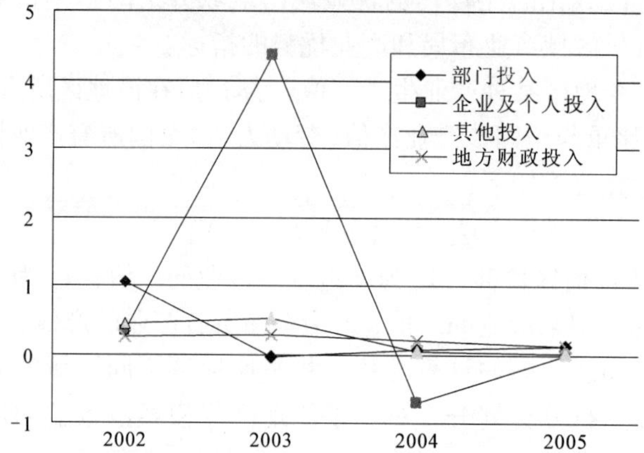

图 5-2　平原地区林业投入结构趋势

Fig. 5-2　Forestry input structure in 2001 ~ 2005 in plain areas

从图 5-2、5-3 中可以做出如下分析：

(1)林业资产投资总量分析。平原地区林业资金量投入基本呈现大幅递增趋势。2001 ~ 2005 年，平原地区林业共投入资金 725.2 亿元，平均增长速度为 47.70%，六大区域中中南地区平均增长速度最快，为 91.93%。具体看，2001 ~ 2005 年，东北地区平均增长率为 13.53%，华北地区平均增长率为 22.01%，华东地区平均增长率为 11.27%，中南地区平均增长率为 91.93%，西南地区平均增长率为 18.40%，西北地区平均增长率为 13.06%。

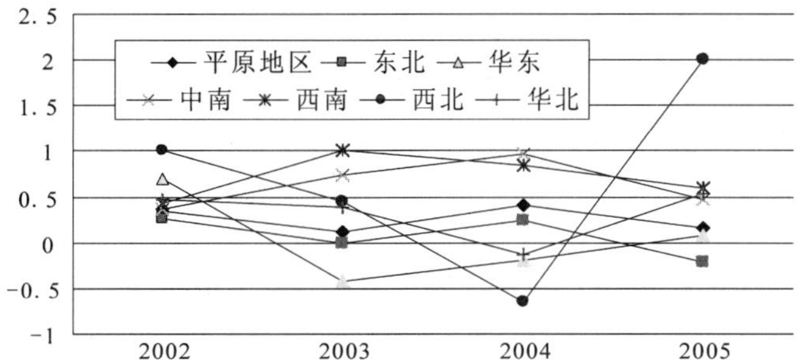

图 5-3 平原地区及区域林业基本建设趋势

Fig. 5-3 Forestry frastructure in 2001 ~ 2005 in plain areas

(2)投资来源总量分析。自 2001 ~ 2005 年，地方财政对平原林业共投入 225.94 亿元，占林业资金投入的 31.157%，年均增速为 21.32%；非国家资金投入(部门投入、企业及个人投入、国家投入和自筹投入)499.23 亿元，占比为 68.84%，年均增速为 72.09%。其中，地方财政、部门及国家和自筹投入是比较稳健的，企业和个人投资受市场的影响，其变动幅度是相当大的。但同时也说明林业的经营具有极大的不稳定性，使得市场投资的走势大起大落。若联系到我国经济体制变革下其他产业中国家投资所占比重相对较低的事实，以及营林投资不断增加趋势，可知经济体制变革和经济实力增强都决定着林业投资的规模和速度。

(3)林业投资方向分析。自 2001 ~ 2005 年，平原林业的基本建设投资速度呈递增趋势，平均增长速度为 26.24%，各区域的平均增长速度分别为：华北地区为 10.91%，东北地区为 10.47%，华东地区为 23.39%，中南地区为 34.04%，西南地区为 26.99%，西北地区为 34.39%。其中西北地区基本建设投资增长速度增长最快。从中可以得知，平原地区林业基本建设投资增长速度快，增幅较大，且起伏较大。在各项投资中，国家投资是林业基本建设投资的主要来源。

(4)从林业总投入看，投资增长速度由高到低排序依次是：中南地区、华北地区、西南地区、东北地区、西北地区、华东地区。从林业基本建设投资角度看，增长速度由高到低排序为：西北地区、中南地区、西南地区、华东地区、华北地区和东北地区。

5.3.1.2 平原地区林业的产出规模分析

平原地区林业的产出规模的分析主要包括两类指标，即以产值为基础计算的指标和以纯收入为基础计算的指标。具体从平原地区和区域两个层面计算(具体计算公式详见上文 5.2.2.1 节)。

(1)以产值为基础的平原地区林业产出规模分析。以产值为基础计算的指标，包括平原地区层面和平原地区的区域层面。从平原地区层面分析，其指标为平原地区生产总值环比增长速度、平原地区生产总值人均增长速度和平原地区林业生产总值增长速度、平原地区林业人均生产总值增长速度；从区域层面分析，其指标包括区域三产环比增长速度和区域林业三产产值与区域三产产值的比重(如图 5-4 至图 5-7)。具体计算公式见上文 5.2.2.1 节。

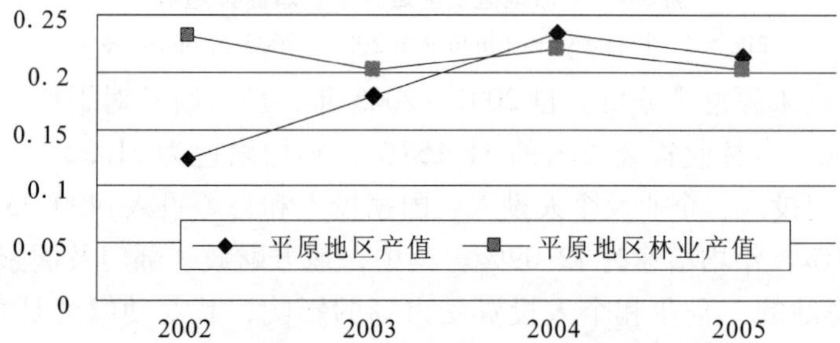

图 5-4　平原地区生产总值与林业生产总值环比增速

Fig. 5-4　GDP and forestry GDP in 2001 ~ 2005 in plain areas

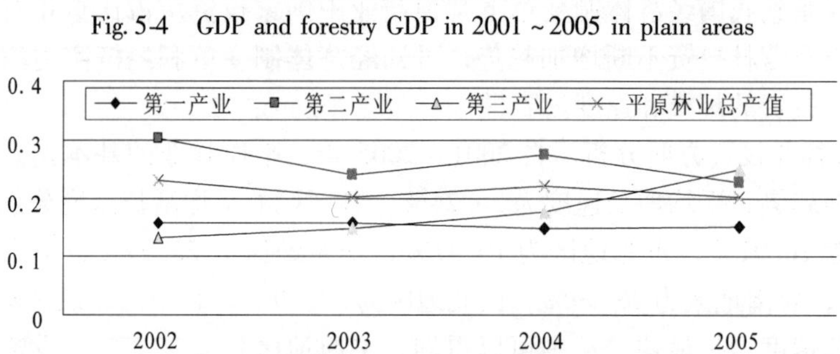

图 5-5　平原地区林业产值环比增长速度趋势

Fig. 5-5　Forestry GDP in 2001 ~ 2005 in plain areas

从平原地区层面分析，可以得到如下结论：

①从林业总产值来看，2001 ~ 2005 年，平原林业总产值呈现平稳增长趋势，平均增长速度为 21.33%，2001 ~ 2005 年，平原地区林业总产值额分别为 1534.14 亿元，1888.40 亿元，2268.99 亿元，2765.57 亿元，3324.16 亿元。

②从平原林业三大产业产值来看，2001 ~ 2005 年，平原林业第二产业平

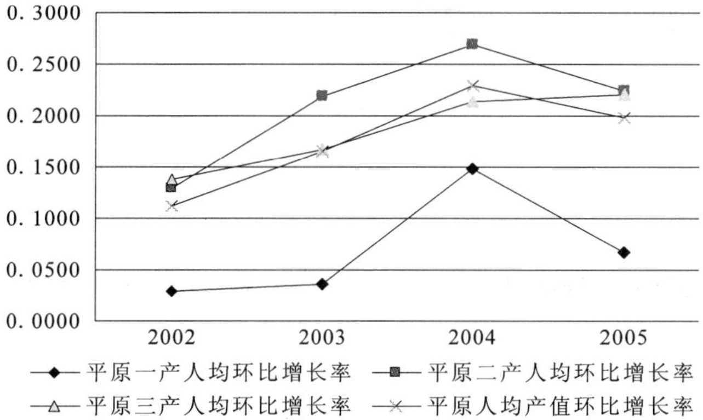

图 5-6　平原地区人均产值环比增长趋势

Fig. 5-6　GDP per person in plain areas

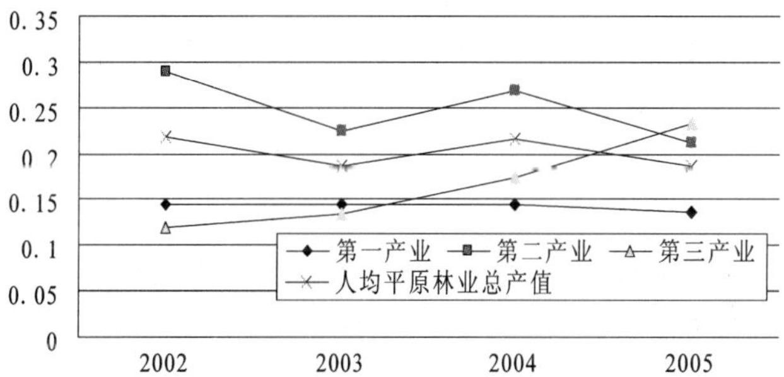

图 5-7　平原地区人均林业产值环比增长趋势

Fig. 5-7　Forestry GDP per person in plain areas

均增长速度最快为 26.02%，第一产业、第三产业平均增长速度分别为 15.37%和 17.66%。

③从人均环比增长速度来看，平原林业生产人均增长速度略低于平原林业生产环比增长速度为 20.14%，第二产业仍为增长速度最快的产业。

下面分析平原地区区域三次产业的规模趋势。如图 5-8 至图 5-10 所示，是区域林业三次产业产值平占平原地区三次产业产值的比重分析。

从区域层面分析表明：

区域林业第一产业与区域第一产业对比中，华东地区平均比率最高，为 12.01%，其他地区依次为：西北地区 10.69，华北地区 7.71%，中南地区 5.95%，东北地区 4.08%，西南地区 4.73%。

区域林业第二产业与区域第二产业对比中，西南地区最高为 12.28%，其

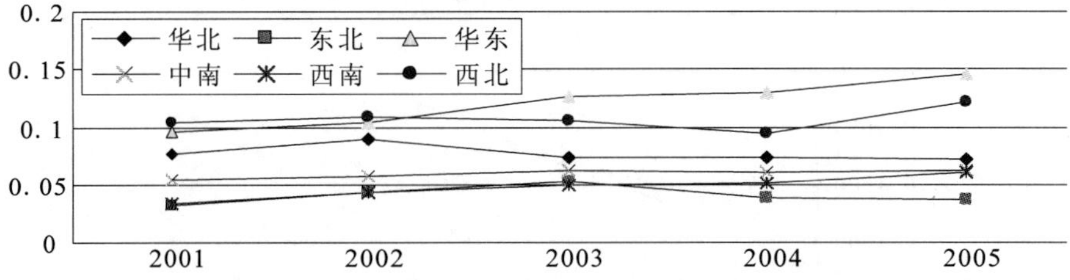

图 5-8　区域林业第一产业产值占该区域第一产业产值的比重

Fig. 5-8　Forestry GDP percentage on the first industry in plain areas

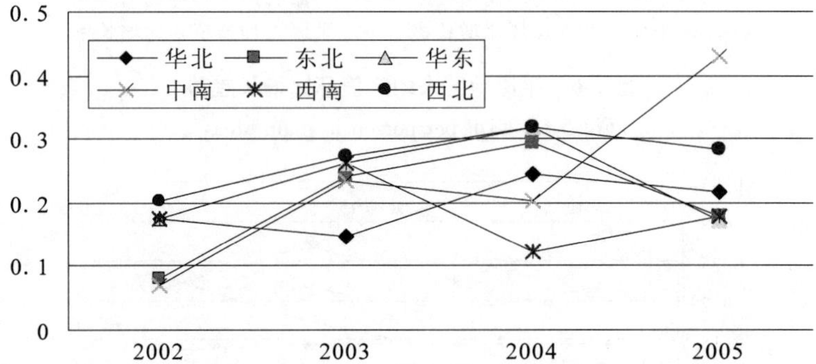

图 5-9　区域林业第二产业产值占该区域第二产业产值的比重

Fig. 5-9　Forestry GDP percentage on the second industry in plain areas

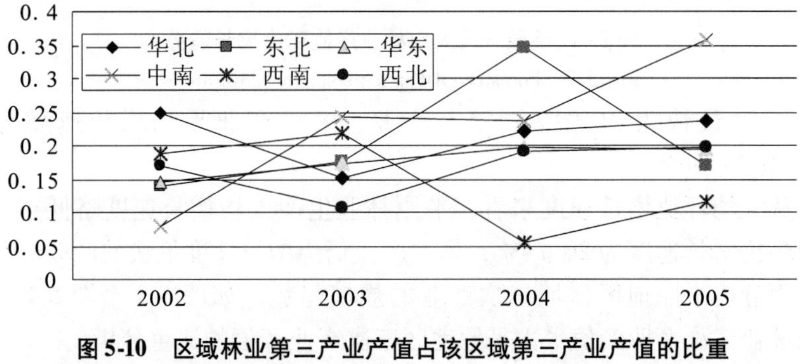

图 5-10　区域林业第三产业产值占该区域第三产业产值的比重

Fig. 5-10　Forestry GDP percentage on the third industry in plain areas

他地区依次为：中南地区为 7.56%，华东地区 4.33%，华北地区 2.29%，西北地区 1.02%，东北地区 0.80%。

区域林业第三产业与区域第三产业对比中，华北地区最高为 0.35%，其他依次为：东北地区 0.32%，西北地区 0.22%，西南地区 1.86%，华东地区

1.08%，中南地区0.15%。

(2)以纯收入为基础计算的平原地区林业产出规模分析。以纯收入为基础计算的平原地区林业产出规模指标，包括两个指标，即农民人均纯收入环比增长速度和农民林业纯收入环比增长速度(如图5-11、图5-12，具体计算公式见上文)。

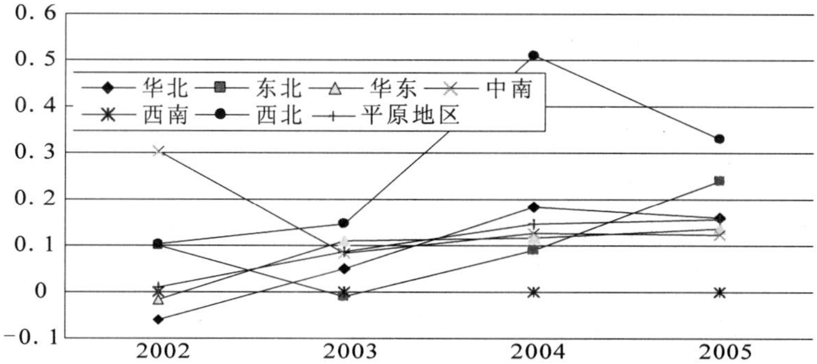

图5-11 平原农民林业年纯收入增长速度

Fig. 5-11 Forestry earning in 2001 ~ 2005 in plain areas

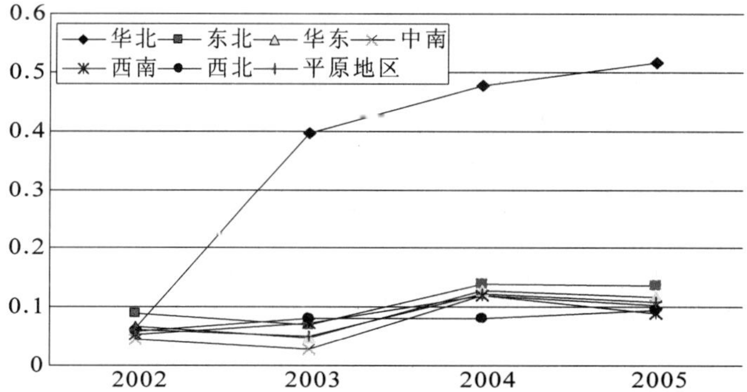

图5-12 平原农民人均纯收入增长速度

Fig. 5-12 Earning average per person of peasant in 2001 ~ 2005 in plain areas

根据平原地区及其区域农民林业年纯收入和农民人均纯收入的趋势对比分析，可以做出如下分析：

①平原地区农民人均纯收入持续增长，平均速度约为8.50%，六大区域中，华北地区农民纯收入人均涨幅最大，平均速度为36.34%，其他地区分别为：东北地区10.95%，华东地区9.05%，西南地区8.42%，西北地区7.99%，中南地区7.38%。

②区域林业纯收入指标中，平原地区增长速度约为 10.03%，六大区域中，西北地区林业纯收入平均增长速度最快约为 27.24%，其他地区分别为：中南地区 16.02%，东北地区 10.50%，华东地区 8.64%，华北地区 8.37%。

5.3.1.3　平原地区林业投入产出规模的对比分析

根据 2001 ~2005 年平原地区及其区域投入和产出的趋势，以及六大区域间的对比分析，本书将进一步分析平原地区林业投入产出的规模。首先将平原地区林业投入规模和产出规模进行对比分析，具体以林业总投入和林业生产总值的环比增长速度进行分析，如果林业总产值的环比增长速度高于林业总投入的环比增长速度，可以认为平原地区林业的经济功能体现出边际效益，具有规模经济效益；其次，分析平原地区区域的林业生产指数，以平原地区区域林业生产总值与全国平原地区林业生产总值平均数对比，分析区域林业生产与平原地区平均水平的差异程度，如果在该区域其生产总值高于平原地区整个平均水平，则说明具有规模经济。

(1)林业投入产出的环比增长速度对比分析。林业投入产出的环比增长速度，采用林业资金总投入环比增长速度和林业总产值的环比增长速度两个指标，时间序列是从 2001 ~2005 年。如图 5-13 所示：从趋势分析，平原地区林业经济功能在 2004 年才发挥了规模效益，其总产值大于其总投入，但其总产值高出总投入的部分逐渐呈下降趋势。从林业资金总投入的环比速度，可以看出其规模逐渐呈上升态势，而林业总产值的环比增长速度基本上保持不变，每年比上年以高于且接近于 20% 的速度递增，从而产生了平原地区林业资金的投入与产出接近，边际效益递减的态势。可以得出结论，2004 ~2005 年，平原地区林业经济功能的发挥，使其林业呈现一定的规模经济，但由于趋势分析的时间较短，所以这种趋势效益很难进一步体现出来。

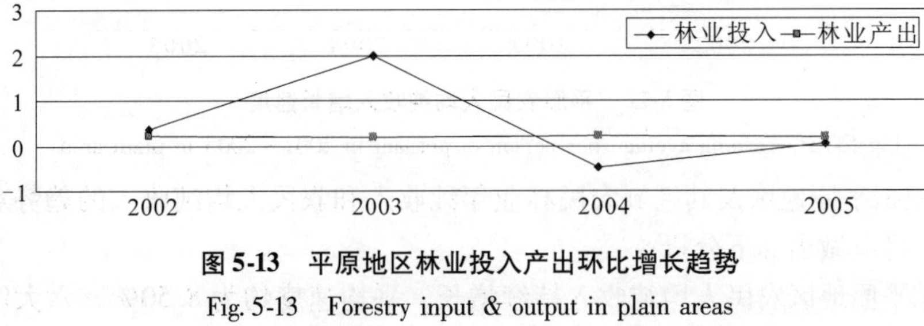

图 5-13　平原地区林业投入产出环比增长趋势

Fig. 5-13　Forestry input & output in plain areas

(2)林业生产指数的对比分析。林业生产指数的对比分析，主要研究区域层面，即与同行业平均水平的地区对比和分析。具体进行平原地区六大区域的林业产值与同行业的平均水平(平均林业产值)对比分析和评价。

在平原地区六大区域中，华东地区和中南地区的林业生产指数大于1，说明这两个地区的林业生产水平高于平原地区平均水平，具有规模经济，尤其是华东地区其林业生产指数最高，2001～2005年，其平均指数为297.94%，而其他地区的区域林业生产总值指数分布不均，除了华北地区林业生产指数的平均数为64.33%，达到平原地区林业生产平均水平的一半以上，其他区域的生产能力很低，分别为：西南地区23.42%，东北地区17.48%，西北地区15.15%。这4个区域根本不能体现林业的生产规模经济。

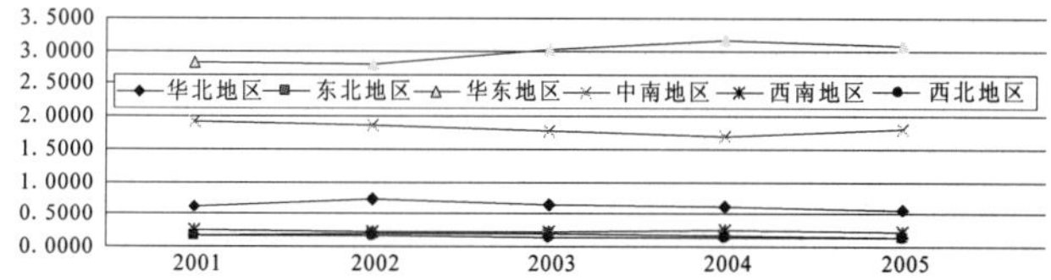

图5-14 平原地区区域林业生产指数对比

Fig. 5-14 Forestry product index in plain areas

5.3.2 平原地区林业规模经济的深层次分析

5.3.2.1 平原地区林业的集中度分析

通过平原地区林业的集中度计算，分析平原地区及其区域的林业产业的集聚程度，根据集中度计算公式，其值位于0～1，如果计算结果越接近于1，说明产业集聚效应越明显，越近于0，则产业不具集聚效应，即不能体现其规模效益。

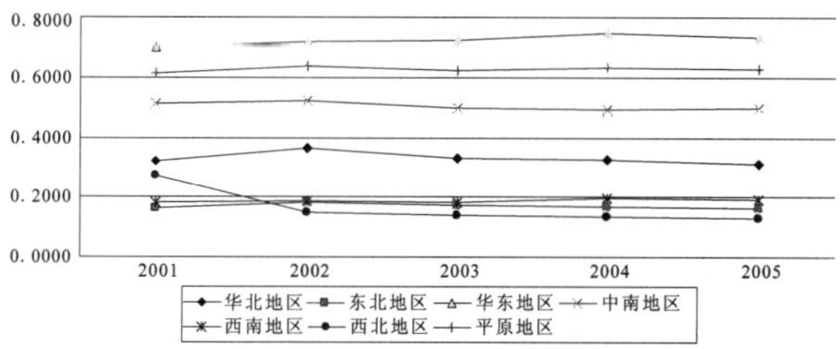

图5-15 平原地区区域集中度

Fig. 5-15 Industry concentration degree in the plain areas

根据平原地区及其区域集中度计算结果表明：

(1)从平原地区林业产业的集中度计算分析，2001～2005年，其林业产业集中度分别为0.6124、0.6383、0.6222、0.6337和0.6269。5年间，平均林业产业集中度为0.6267，说明平原地区林业产业形成一定的规模，具有集聚效益。从5年的趋势分析，平原地区林业产业的集中度变化不大，说明林业产业的规模比较稳定，没有显著的变化。从长远来看，应该进一步提升平原地区林业产业的规模经济效益。

(2)从平原地区六大区域而言，林业产业的区域规模经济发展差异很大。华东地区林业产业集中度高，中南地区林业产业集聚程度中等，其余4个地区林业产业集聚程度低。如图5-15所示，除了在华东地区和中南地区，2001～2005年，其林业产业平均集中度分别为0.72和0.51。尤其是华东地区其集中度接近于1，具有较好的规模效益。而其他区域林业产业不成规模。其他四个区域的林业产业平均集中度，按照高低次序排列为华北、西南、东北、西北地区，2001～2005年，林业平均产业集中度分别为：0.33、0.19、0.17和0.17。

从六大区域的林业集中度的趋势分析，2001～2005年，平原地区和六大区域的产业集聚程度变动趋势基本平稳，前4年，华东地区的林业集中度有小幅上涨的趋势，2005年六大区域和平原地区的林业产业集中度均有所下降。

由此，平原地区林业产业具有一定的规模，但其规模效益偏低，区域之间的林业产业集中程度差异很大，在平原地区应该建立重点林业产业扶持区域和普通区域，分区域制定区域林业产业政策，在重点区域即华东地区大力扶持龙头企业和集团企业，迅速提高林业产业的规模效益。

5.3.2.2　平原地区林业的区位商分析

平原地区林业的直接经济产出包括木材产出和非木材产出，木材产出包括原木、薪材和竹材，非木材产出包括果品、种苗、花卉、茶叶、蚕茧和其他。区位商的计算公式见上文，根据其公式计算出区位商 Q 值(如图5-16至图5-19)。当 $Q>1$，表明该产业在该地区的专业化程度较高，超过全国水平，意味着该产业在该地区生产较为集中，具有相对规模优势，发展较快，具有一定的比较优势。Q 值越大专业化程度越高，比较优势越大。同时也意味着该地区该行业的产出除满足本区域需求外还对外提供产品或服务。如果是两个地区之间比较时，则表明该产业在 a 地区的专业化水平高于在 b 地区的专业化水平，a 地区该产业的发展相对于 b 地区具有比较优势。在考察确定主导产业时，一般只有区位商大于1的部门才能构成该地区的基础部门，对当地经济发展起主导作用；当 $Q<1$，则表明该产业专业化程度低于全国水平，其规模具有比较弱势。Q 值越小，比较弱势越明显。意味着该地区该行业的产出不能满足本地区的需求，还需要由区域外供给产品或服务。若是两个地区之间进行比较，则表明该产业在 a 地区的专业化水平低于在 b 地区的专业化水平，a 地区该产业的发展相对于 b 地区具有比较劣势。

根据区位商的公式，计算了林业及其林业三次产业的区位商(如图5-16至图5-19)，并根据区位商理论，发现：

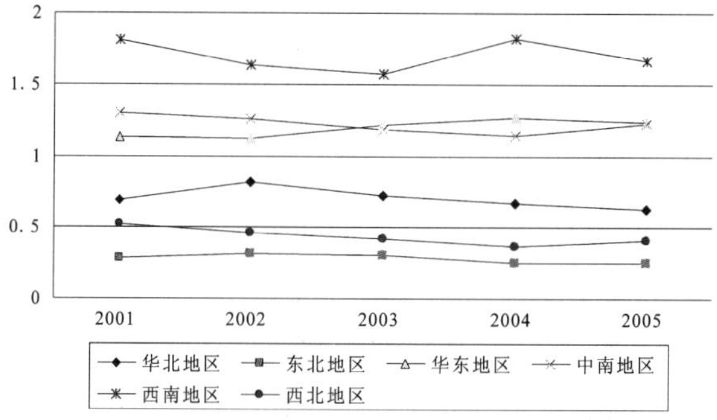

图5-16 平原地区六大区域林业的区位商

Fig. 5-16 Location quotient on forestry in plain areas

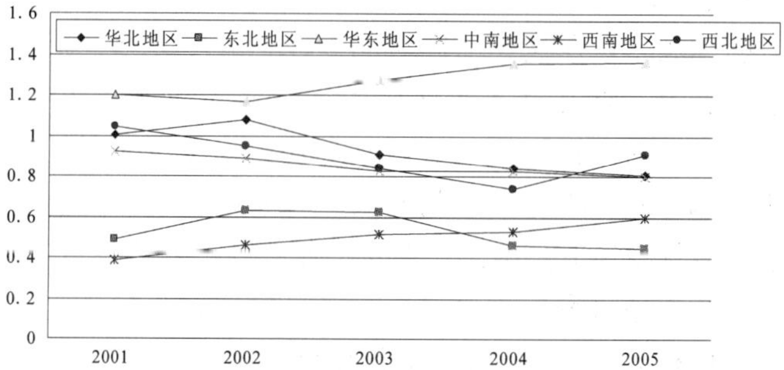

图5-17 平原地区六大区域林业第一产业的区位商

Fig. 5-17 Location quotient of forestry 1st industry in plain areas

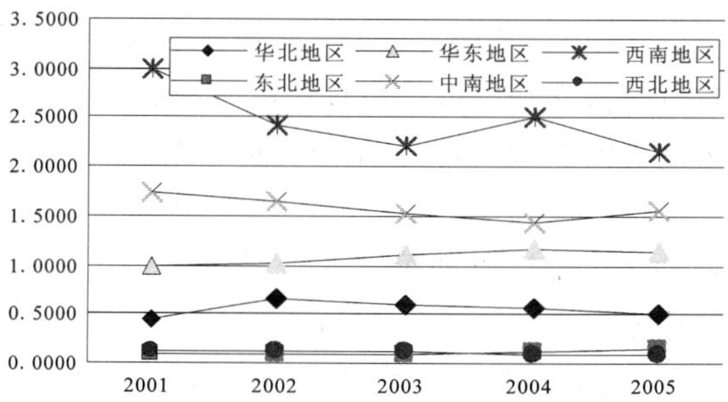

图5-18 平原地区六大区域林业第二产业的区位商

Fig. 5-18 Location quotient of forestry 2nd industry in plain areas

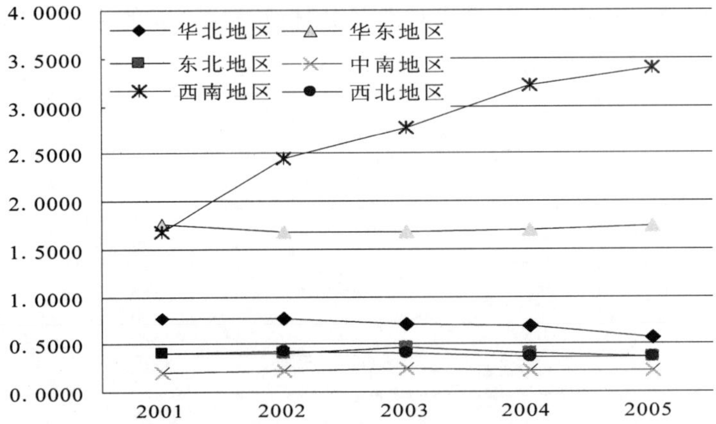

图 5-19 平原地区六大区域林业第三产业的区位商

Fig. 5-19 Location quotient of forestry 3rd industry in plain areas

(1)从平原地区的林业产业分析，华东、中南和西南地区的林业区位商均在 1 以上，说明林业产业在这 3 个区域的专业化程度较高，超过平原地区的平均水平，意味着该产业在这 3 个区域生产较为集中，具有相对规模优势，发展较快，具有一定的比较优势。2005 年林业区位商由高到低的排名为：西南、华东、中南、华北、西北和东北地区，其中林业在后 3 个地区不具备规模经济，而且产业规模很低。由此，平原林业的规模经济政策的制定和完善，应该分重点区域和普通区域发展区域，重点区域应该是华北、中南和华东地区，在这 3 个区域林业的发展可以作为该区域的主导产业。

(2)从平原地区的林业三次产业结构的区位商进行分析，可以得出以下结论：

①华东地区林业第一产业具有比较优势。2001～2005 年，华东地区的林业第一产业区位商均大于 1，说明林业第一产业在华东地区的发展具有相对规模，能较好地发挥其经济功能，可以将林业第一产业作为华东地区发展的主导产业。其次，西北地区 2005 年的区位商接近于 1，因此，应该在西北地区大力发展林业第一产业。

②西南、中南和华东地区林业第二产业具有比较优势。2001～2005 年，平原地区中西南、中南和华东这 3 个区域的区位商均大于 1，说明林业第二产业在这 3 个区域的发展具有相对规模，能较好地发挥其经济功能，可以将林业第二产业作为这 3 个区域发展的主导产业。其中，西南地区的林业第二产业的比较优势明显，2005 年，该区的区位商为 2.15，远高于其他区域。

③西南地区和华东地区林业第三产业具有比较优势。2001 ~ 2005 年，平原地区西南地区和华东地区这两个区域的区位商均大于 1，说明林业第三产业在这两个区域的发展具有相对规模，能较好地发挥其经济功能，可以将林业第三产业作为这两个区域发展的主导产业。其中，西南地区的林业第三产业的比较优势明显，2005 年，该区的区位商约为 3.39，远高于其他区域。

由此，要充分发挥平原地区林业经济功效，体现林业产业的规模经济效益，需要建立不同区域的主导产业，进一步发挥林业产业的比较优势。在平原地区的六大区域中，林业应该作为华东地区的重要产业，在该区域林业三次产业应该全面发展，进而带动该区域的经济发展；在西北地区应该建立以林业第一产业为主导的产业政策；在西南和中南地区，应该以林业第二产业作为主导产业，重点可以建立以竹材为基础的原料及加工到服务的大型集团企业群；同时将林业第三产业作为西南地区的主导产业，尤其是旅游业的发展。通过区域性的主导产业的发展，充分体现林业的规模经济功能，增加其规模效益，从而带动平原地区林业的整体发展。

5.4 小 结

本章主要对平原地区及其区域的林业规模经济进行分析和评价。基本思路是基于规模经济的基本概念和理论的阐述，确定平原地区林业规模经济分析和评价的方法，并选择评价指标。进一步对平原地区及其区域进行林业规模经济的一般分析和深层次分析与评价，最后得出评价结果。

本章分主要内容有 3 个部分。

第一部分规模经济的经济学分析。首先对于规模经济加以界定，即规模经济是经济规模的结果，通过对林业产业的经济规模分析以评价林业产业是否具有规模经济。

第二部分是平原地区林业规模经济的评价方法。具体在这部分包括两个内容：一是平原地区林业规模经济的评价框架。将平原地区林业规模经济的评价分为两个层次，即一般性分析层和深层次分析。采用的方法是指标分析法，利用不同的指标进行平原地区及其六大区域的纵向对比，即 2001 ~ 2005 年同一指标的历史趋势分析和评价；同时，对平原地区六大区域和平原地区均值进行横向对比，即不同区域的同行业(或同产业)平均值的对比。二是对不同层面指标的计算公式列示和解释。指标分为一般性分析的指标和深层次分析的指标。一般性分析的指标包括林业投入比率、林业产出比率和林业投入产出比率，主要以环比增长速度表示。深层次分析指标利用林业产业的集中度和平原地区六大区域林业产业的区位商进行分析和评价。

第三部分平原地区的林业规模经济的分析和评价。具体以平原地区林业规模经济的评价方法对平原地区及其六大区域进行实证分析。从一般性分析可以得出结论：平原地区林业规模经济效益不明显，仅 2004 ~ 2005 年，平原地区林业经济功能的发挥，使其林业呈现出一定的规模经济，但由于时间短，很难体现其趋势；从平原地区六大区域分析，其区域间存在严重的规模经济差异。华东地区和中南地区林业生产具一定规模，尤其是华东地区，存在比较显著的规模经济效应，而其他 4 个区域根本不能体现林业的生产规模经济。从深层次分析可以得出结论：平原地区林业产业形成初具规模，具有一定的集聚效益。但从趋势分析，2001 ~ 2005 年，林业产业的规模比较稳定，没有显著的变化。区域之间的林业产业集中程度差异很大，在平原地区应该建立重点林业产业扶持区域和普通区域，分区域制定区域林业产业政策，在重点区域大力扶持龙头企业和集团企业，迅速提高林业产业的规模效益。具体到不同区域可以建立主导产业：在平原地区的六大区域中，华东地区应将林业发展作为产业发展的重点，在该区域林业三次产业应该全面发展，进而带动该区域的经济发展；在西北地区应该建立以林业第一产业为主导的产业政策；在西南和中南地区，应该以林业第二产业作为主导产业，重点可以建立以竹材为基础的原料及加工到服务的大型集团企业群；同时将林业第三产业作为西南地区的主导产业，尤其是旅游业的发展。通过区域性的主导产业的发展，充分体现林业的规模经济功能，增加其规模效益，从而带动平原地区林业的整体发展。

6　平原地区林业的经济结构评价

平原地区林业的经济功效除了林业的直接产出，还有加工过程所在产业。在前文的定义中，本著作将林业经济功效的表现，以林业中的三次产业表示，因此，在此讨论的重点是林业系统的内部产业结构和外部产业结构。在外部产业结构中，主要研究两个方面：第一，林业产业与国民经济产业的关系，即局部与整体的关系；第二，研究林业产业和农业产业间的关系，由于林业属于大农业，同时平原地区林业影响到农业、畜牧业和种植业，但由于数据的可获得性，重点研究林业产业和农业产业的关系；在内部产业关系中，主要讨论林业产业内部的三次产业的关系。

6.1　理论基础

6.1.1　产业结构的相关定义

产业结构是指各产业在其经济活动过程中形成的技术经济联系，以及由此表现出来的比例关系。

在产业结构的研究内容中，规划和安排产业发展的顺序，实施产业结构优化过程，是产业结构的主要内容之一，而主导产业的选择，正是实现这一政策目标的重要一环。经济学家在研究产业结构演变规律时发现，一个国家或地区，在不同的发展阶段上，往往存在一个或几个“主导产业”或“主导部门”。这些主导产业或主导部门对其他产业的发展具有较强带动作用，因而在很大程度上决定着这一时期产业结构特征及其发展演变的趋势。因此，主导产业或部门的选择便成为产业结构政策的重要内容。目前，选择和确定主导产业的理论主要有以下几种：

(1)收入弹性基准。该理论认为：凡是收入弹性大于1的产业，其增长速度高于人均国民收入的增长率，因此，随着人均收入的提高，收入弹性高的产品在产业结构中的比重将逐步提高。选择这些产业作为重点产业，符合产业结构的变动方向。

(2)生产率上升基准。这里所说的生产率是指全要素生产率，即产出对全部投入要素之比，而不仅仅是对某一种投入要素(如资本)之比。全要素生产率的上升主要取决于技术进步。所以，以生产率上升为基准选择重点产业，就是要优先发展代表先进技术的产业。

(3)产业关联度基准。所谓产业关联度就是指各产业之间的相关程度。产业关联度高的产业对其他产业会产生较强的前向、后向及侧向影响，选择这些产业为重点产业，可以带动整个经济的发展。在产业关联度基准的理论中，赫希曼(Hirshman)作出了重要贡献。他在研究发展中国家的产业发展顺序时认为，发展中国家首先应当发展那些关联强度较大的产业，因为关联度较大的产业首先获得发展后，通过前向关联和后向关联的波及效应，可以影响和带动其他产业的发展。产业关联度基准的理论涵义很明显，即政府应重点支持那些能带动其他产业发展的产业即主导产业。

本著作运用灰色关联度分析方法，以林业产业的产业关联度为基准进行平原地区林业经济的结构分析和评价。

6.1.2　林业产业结构评价的重点

按照产业结构的定义，平原地区林业产业结构，重点研究两个方面的内容：一是平原地区林业产业的比例关系。其比例关系包括平原地区的林业产业内部比例关系和外部比例关系。二是林业产业主导产业的选择(图6-1)。

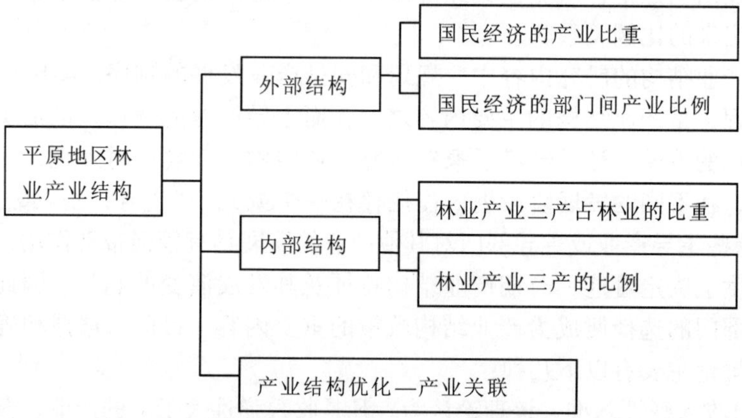

图6-1　平原地区林业产业结构分析图

Fig. 6-1　Forestry industry structure in plain areas

6.2 评价方法

6.2.1 产业结构的基本比率计算

产业结构基本比率的计算，有助于了解平原地区林业产业的基本情况。本书主要应用产业结构的变动值指标，分为绝对值和相对值两个指标。计算公式如下：

(1)产业结构变动值。

$$K = \sum | q_{i1} - q_{i0} | \tag{6-1}$$

式中：K 为产业结构变动值，K 值越大，说明产业结构的变动幅度越大；q_{i1}为报告期构成比；q_{i0}为基期构成比。i 产业序号；1 报告期；0 基期。

(2)产业结构变动程度。如果考虑某一产业的结构变动程度及变动方向，则将上式以相对数来表示：

$$K_i = [(q_{i1} - q_{i0})/q_{i0}] \times 100\% \tag{6-2}$$

其中，K_i成为第 i 部门的结构变动系数，当 K_i为负值，表示 i 产业份额下降；反之则说明份额上升。

6.2.2 灰色关联度评价方法

灰色关联度评价方法，属于灰色系统理论，是 20 世纪 80 年代初期邓聚龙创立的一门新的系统学科，是一种研究和处理复杂系统的理论。灰色系统理论应用最广泛的是灰色关联度模型分析，它不仅是灰色系统理论的重要组成部分，同时也是灰色系统分析、预测和决策的基石。它是在不完全的信息中，对所要分析研究的各因素，通过一定的数据处理，在随机的因素序列之间找出它们的关联性，发现主要矛盾，找到主要特性和主要影响因素。本书主要采用 DPS 统计软件进行灰色关联度的分析，其计算方法具体可以分为 4 个步骤：

(1)确定比较数列和参考数列，并进行原始数据变换。

假定有 $X_0 = \{X_0(k) \mid k = 1, 2, \cdots, n\}$ 为参考数列(又称母数列)：

$$X_0(k) = (X_0(1), X_0(2), X_0(3), \cdots, X_0(n))$$

有 $X_i = \{X_i(k) \mid k = 1, 2, \cdots, n\}$ $(i = 1, 2, \cdots, m)$ 为比较数列(又称子数列)：

$$X_1(k) = (X_1(1), X_1(2), X_1(3), \cdots, X_1(n))$$
$$X_2(k) = (X_2(1), X_2(2), X_2(3), \cdots, X_2(n))$$
$$\vdots$$
$$X_m(k) = (X_m(1), X_m(2), X_m(3), \cdots, X_m(n))$$

(2)求 $X_i(k)$ 与 $X_0(k)$ 的关联系数。作为点与点的关联，一般称为关联系数，在 k 点，X_i 与 X_0 的关联系数记为 $\xi_{0i}(k)=\xi(X_0(k), X_i(k))\in(0, 1)$。$\xi_{0i}(k)$ 越小，表示关联程度越小；反之，$\xi_{0i}(k)$ 越大，表示关联程度越大。

根据关联理论的规范性、偶对称性、整体性和接近性四条公理，对 i 条曲线分别在 K 个不同的时刻，逐一进行比较，可得出关联系数的计算公式如下：

$$\xi_i(K) = \frac{\min\limits_i \left| \min\limits_k \left| X_0(k) - X_i(k) \right| \right| + \sigma \max\limits_i \left| \max\limits_k \left| X_0(k) - X_i(k) \right| \right|}{\left| X_0(k) - X_i(k) \right| + \sigma \max\limits_i \left| \max\limits_k \left| X_0(k) - X_i(k) \right| \right|} \tag{6-3}$$

$\xi_i(k)$ 是第 k 个时刻比较曲线 $X_i(k)$ 与参考曲线 $X_0(k)$ 的关联系数。式中：$|X_0(k)-X_i(k)|$ 表示 k 时刻比较数列与参考数列的绝对差，记作 ρ_{0i}。

$\min\limits_i | \min\limits_k |X_0(k)-X_i(k)|$ 称为两级(两个层次)的最小差。

第一层次的最小差记为：

$$\delta_i = \min_k |X_0(k) - X_i(k)| \tag{6-4}$$

表示在 X_i 曲线上，当 i 不变时，在 ρ_{0i} 中，按不同的 k 值挑选其中最小差。

第二层次的最小差记为：

$$\Delta\min = \min_i | \min_k |X_0(k) - X_i(k)| \tag{6-5}$$

$\Delta\min$ 是在第一层次的 δ_1，δ_2，δ_3，…，δ_m 中，再挑选最小的 δ。

$\max\limits_i | \max\limits_k |X_0(k)-X_i(k)|$ 称为两级的最大差，记作 $\Delta\max$，意义与两级最小差相似。

σ 是分辨系数，$\sigma\in(0, 1)$，一般取 $\sigma=0.5$。

(3)求关联度。关联度描述了系统发展过程中，因素间相对变化的情况，也就是变化大小、方向与速度的相对性。两个序列的关联度可用两个比较序列各个时刻的关联系数之平均值计算。

对于某一条比较曲线与参考曲线之间的关联系数，在 k 个不同时刻，有 k 个关联系数。所以，关联系数的信息过于分散，不便于进行比较，有必要将各个时刻的关联系数集中为一个值，求平均值就是作为处理这种信息的一种方法，这就是关联度。其一般表达式如下：

$$r_i = \frac{1}{n}\sum_{k=1}^{n}\xi_i(K) \tag{6-6}$$

r_i是比较曲线 $X_i(k)$与参考曲线 $X_0(k)$的关联度。

(4)做关联矩阵。推而广之，如果参考数列不止一个，比较数列也是多个，则可构成关联矩阵。如：参考数列为 $X_i = \{X_i(k)\}(i=1, 2, \cdots, m)$，比较数列为 $y_j = \{y_j(k)\}(j=1, 2, \cdots, n)$，$r_{ij}$表示 $X_i(k)$与 $y_j(k)$的关联度，全体的 r_{ij}构成关联矩阵。

6.2.3 基本假设

在平原地区林业产业结构的评价中，除了基本的现状分析，进一步应用灰色关联度方法，对林业产业结构进行分析和评价，其基本前提或假设有二：

(1)林业基础产业相当完善，不存在“瓶颈”约束。或者说，即使存在一定程度的“瓶颈”部门，但要素具有充分的流动性，资源能够在短期内迅速向“瓶颈”部门转移。

(2)林业产业部门发展所必需的技术条件已经具备。

6.3 林业三次产业结构的基本分析

6.3.1 林业产业的外部结构分析

林业产业的外部结构分析，主要分析两个方面，一方面分析平原地区林业占平原地区国民经济总产值的比重；二是分析平原地区林业与农业的产值比重。

表6-1 为平原地区总产值、农业产值、林业产值和其他行业产值的计算表，进一步计算林业产业外部产值的变动值和变动程度。

表 6-1　平原地区林业外部结构表　　单位：万元;%

Tab. 6-1　Out-structure of forestry in plain areas

年份	平原地区总产值 (1)	平原地区林业总产值 (2)	平原地区农业总产值 (3)	林业占平原地区产值比重 (4) = (2)/(1)	农业占平原地区产值比重 (5) = (3)/(1)	其他产业产值占平原地区产值比重 (100 - (4) - (5))
2001	434054481.3	15341389.5	84260657.8	3.5344	19.4125	77.0531
2002	488041023.7	18883997.4	89971865.2	3.8693	18.4353	77.6954
2003	575354004.4	22689878.3	88741386.0	3.9436	15.4238	80.6326
2004	709517088.7	27675685.6	109009271.6	3.9006	15.3639	80.7355
2005	861216681.9	33241586.1	117401466.8	3.8598	13.6320	82.5081

注:根据调查数据整理所得。

以2001年为基期，2005年为报告期，则平原地区产业外部结构变动值为11.56%，即：

$$K = |3.8598 - 3.5344| + |13.6320 - 19.4125| + |82.5081 - 77.0531| = 11.5627\%$$

由于 K 值越大，平原地区产业结构变动越大，如果将产业结构分为100份，则平原地区产业从2001~2005年的产业变动值为11.56%，平均每年变动2.31%，可见平原地区产业结构变动幅度不大。

为了说明林业产业的变动幅度，进一步计算产业结构变动程度。

$$K_{林业} = (3.8598 - 3.5344)/3.5344 \times 100\% = 9.21\%$$

$$K_{农业} = (13.6320 - 19.4125)/19.4125 \times 100\% = -29.77\%$$

从产业变动程度来看，从2001~2005年，平原地区林业产业结构变动程度为9.21%，年平均变动程度1.84%，与平原地区产业的年平均变动程度相比较，林业产业的变动程度低于平均水平。与农业的产业变动程度比较，变动程度远远低于农业产业变动程度，但是农业变动程度是负值，说明农业在平原地区产业的结构比重是下降的，即从2001~2005年，农业产业比重逐年递减。而林业在国民经济中的比重是增加的，只是增加的程度低于各行业的平均水平。

6.3.2　林业三次产业的内部结构分析

林业三次产业内部结构分析的主要内容，首先是计算林业内部三次产业与林业总产值的比重，在此基础上，进一步分析林业产业内部结构的变动值和变动程度。

表 6-2 平原地区林业三次产业内部结构表 单位：万元;%

Tab. 6-2 Inter-structure of forestry in plain areas

年份	平原林业总值(1)	第一产业产值(2)	第二产业产值(3)	第三产业产值(4)	一产比重(5)＝(2)/(1)	二产比重(5)＝(3)/(1)	三产比重(5)＝(4)/(1)
2001	15341389.5	6430055.9	7920184.4	991149.2	41.9131	51.6263	6.4606
2002	18883997.4	7437066.4	10325338.5	1121592.5	39.3829	54.6777	5.9394
2003	22689878.3	8618338.5	12783520.9	1288018.9	37.9832	56.3402	5.6766
2004	27675685.6	9890087.3	16269017.9	1516580.4	35.7357	58.7845	5.4798
2005	33241586.1	11392365	19955044.1	1894177	34.2714	60.0304	5.6982

以 2001 年为基期，2005 年为报告期，则平原地区林业产业内部结构变动值为 16.81%，即：

$$K = |34.2714-41.9131| + |60.0304-51.6263| + |5.6982-6.4606|$$
$$=16.8082\%$$

由于 K 值越大，平原地区林业产业结构变动越大，如果将产业结构分为 100 份，则平原地区产业从 2001～2005 年的产业变动值为 16.81%，平均每年变动 3.36%，比平原地区林业产业外部结构的变动幅度大 1.05%，说明2001～2005 年平原地区林业产业的内部结构调整还是比较大的。

为了说明林业产业的内部结构变动幅度，进一步计算林业三次产业结构的变动程度。

$$K_{林业第一产业} = (34.2714-41.9131)/41.9131\times100\% = -18.23\%$$
$$K_{林业第二产业} = (60.0304-51.6263)/51.6263\times100\% = 16.28\%$$
$$K_{林业第三产业} = (5.6982-6.4606)/6.4606\times100\% = -11.81\%$$

从平原地区林业产业变动程度来看，从 2001～2005 年，平原地区林业三次产业结构的变动程度分别为 －18.23%、16.28% 和 －11.81%。与平原地区林业内部结构的总变动趋势比较，林业第一产业的变动幅度最大，超过林业内部结构的总体变化程度 1.42%，林业第二产业的变动程度与总变动程度相当，仅低于总体变动程度的 0.53%，林业第三产业的变动程度最小，比总变动程度低 5%；从变动趋势来看，林业第一产业和第三产业的在林业产值中的结构比例降低，尤其是第三产业降低的幅度较大。同时，林业第二产业在林业总产值中的比例增加，年平均增加程度为 3.64%，高于林业产业的变动程度 0.28%。

6.4 平原地区林业三次产业结构的深层次分析——灰色关联度分析

灰色关联度分析，主要目的是为了优化产业结构，通过与林业总产出的关联性分析，按照关联度的强弱选取主导产业，从而以关联性为基准优化产业结构。下文从平原地区林业总产值的内外部构成要素的关联性和平原地区林业投入与产出之间的关联性，对林业产业结构进行分析评价及优化。

6.4.1 平原地区林业产业结构的灰色关联度分析

平原地区林业产业结构的灰色关联度分析分为两类，即内部结构与外部结构分析。外部结构主要分析平原地区林业产业与农业产业和地区国民经济的关联性；内部结构主要分析林业三次产业与林业产业的关联性。在灰色关联度的分析中，林业产出均以价值量表示，具体主要以林业产值进行分析。本书主要应用 DPS 软件工具，对平原地区林业的产值结构进行分析和评价。

6.4.1.1 林业总产值与农业总产值和平原地区总产值的灰色关联度分析

林业总产值与农业总产值和平原地区总产值之间的关联度，分析步骤如下:

(1)确定比较数列和参考数列，并进行原始数据变换。将林业总产值作为参考数列，农业总产值和平原地区总产值作为比较数列，时间序列为 2001 ~ 2005 年，则形成数列矩阵。

平原地区总产值 比较数列 X_1	农业总产值 比较数列 X_2	林业总产值 参考数列 X_0
434054481.3	84260657.8	15341129.5
488041023.8	89971865.2	18883631.4
575354004.5	88741386	22688875
709517088.6	109009271.6	27673524.7
861216681.8	117401466.8	33237429.5

(2)初值化变换，求关联系数。通过初值化变化，其结果形成标准化矩阵为:

X_1	X_2	X_0
1.00000	1.00000	1.00000
1.12438	1.06778	1.23092

1.32553	1.05318	1.47896
1.63463	1.29371	1.80388
1.98412	1.39331	2.16656

通过标准化矩阵，计算出最大差值 $\Delta max = 0.77324$

关联系数：$G(1, 0) = 0.77496$ $G(2, 0) = 0.58872$

根据关联系数的 DPS 软件的输出结果，显示平原地区的生产总值与林业总产值的关联系数为 0.77496，农业总产值与林业总产值的关联系数为 0.58872。

(3)根据关联系数排序，并形成关联矩阵。计算关联序与关联矩阵的输出结果为：

关 联 序：$\gamma_1 > \gamma_2$

关联矩阵 0.77496 0.58872

由此，林业总产值和平原地区总产值之间的关联度较大，为 0.77496，说明林业产业的发展对平原地区林业总产值有将强的贡献作用，同时林业总产值与农业总产值具有关联性，说明林业产业的发展对农业产业的发展有影响，具有带动作用，但由于关联度不高，所以这种带动作用不强。

6.4.1.2 林业总产值与内部三次产业的灰色关联度分析

林业总产值与林业三次产业，即林业第一、第二、第三产业产值之间的关联度分析步骤如下：

(1)确定比较数列和参考数列，并进行原始数据变换。将林业总产值作为参考数列，林业第一、第二、第三产业产值作为比较数列，时间序列为 2001 ~ 2005 年，则形成数列矩阵。

林业第一产值（比较数列 X_1）	林业第二产值（比较数列 X_2）	林业第三产值（比较数列 X_3）	林业总产值 参考数列 X_0
6430055.9	7920184.4	990889.3	15341129.5
7437066.4	10325338.5	1121226.5	18883631.4
8618338.5	12783520.9	1287015.6	22688875
9890087.3	16269017.9	1514419.5	27673524.7
11392365	19955044.1	1890020.3	33237429.5

(2)初值化变换，求关联系数。通过初值化变化，其结果形成标准化矩阵为：

X_1	X_2	X_3	X_0
1.00000	1.00000	1.00000	1.00000

1. 15661	1. 30367	1. 13154	1. 23092
1. 34032	1. 61404	1. 29885	1. 47896
1. 53810	2. 05412	1. 52834	1. 80388
1. 77174	2. 51952	1. 90740	2. 16656

最大差值 $\Delta max = 0.39482$

关联系数：

$G(1, 0) = 0.61470$　　$G(2, 0) = 0.62482$　　$G(3, 0) = 0.60757$

关联系数显示，平原地区林业第一产值与林业总产值的关联系数为 0.61470，第二产值与林业总产值的关联系数为 0.62482，第三产值与林业总产值的关联系数为 0.60757。

(3)根据关联系数排序，并形成关联矩阵。由 DPS 软件计算关联序与关联矩阵的输出结果为：

关 联 序 ：$\gamma 2 > \gamma 1 > \gamma 3$

关联矩阵 0. 61470　0. 62482　0. 60757

总体而言，平原地区林业三次产业的产值与林业总产值的关联度相差不大，三次产业发展比较均衡，没有显著的差异。其中，第二产业与林业总产值之间的关联度最大，其次是第一产业与林总产值之间的关联度，第三产业与林业总产值之间的关联度最小。

6. 4. 2 平原地区林业投入与产出的灰色关联度分析

平原地区林业产业结构与其投入是有直接的关系，下文从平原地区林业总产值及其三产与林业投入的关联性，分析在既定的投入总额下林业产值结构的关联度，以及林业总产出与林业投入的关联度，以分析不同渠道的林业投入结构对林业总产出的影响。

6. 4. 2. 1 平原地区林业投入与林业总产值及三次产业产值的灰色关联度分析

林业总产值与林业三次产业，即林业第一、第二、第三产业产值之间的关联度，分析步骤如下：

(1)确定比较数列和参考数列，并进行原始数据变换。将林业总投入作为参考数列，林业产值及林业第一、第二、第三产业产值作为比较数列，时间序列为 2001 ~2005 年，则形成数列矩阵。

林业总产值（比较数列 X_1）	林业第一产值（比较数列 X_2）	林业第二产值（比较数列 X_3）	林业第三产值（比较数列 X_4）	林业总投入（参考数列 X_0）
15341129.5	6430055.9	7920184.4	990889.3	679984
18883631.4	7437066.4	10325338.5	1121226.5	918318.6
22688875	8618338.5	12783520.9	1287015.6	2745627.4
27673524.7	9890087.3	16269017.9	1514419.5	1417590.3
33237429.5	11392365	19955044.1	1890020.3	1490137.3

(2)初值化变换，求关联系数。通过初值化变化，其结果形成标准化矩阵为：

X_1	X_2	X_3	X_4	X_0
1.00000	1.00000	1.00000	1.00000	1.00000
1.23092	1.15661	1.30367	1.13154	1.35050
1.47896	1.34032	1.61404	1.29885	4.03778
1.80388	1.53810	2.05412	1.52834	2.08474
2.16656	1.77174	2.51952	1.90740	2.19143

最大差值 $\Delta\max = 2.73893$

关联系数：

$G(1, 0) = 0.81606$　$G(2, 0) = 0.73857$　$G(3, 0) = 0.82257$

$G(4, 0) = 0.74696$

由关联系数显示，平原地区林业总产值与林业总投入的关联系数为0.81606，平原地区林业第一产值与林业总投入的关联系数0.73857，林业第二产值与林业总投入的关联系数为0.82257，林业第三产值与林业总投入的关联系数为0.74696。

(3)根据关联系数排序，并形成关联矩阵，计算关联序与关联矩阵的输出结果为：

关 联 序：$\gamma3 > \gamma1 > \gamma4 > \gamma2$

关联矩阵 0.81606　0.73857　0.82257　0.74696

计算结果表明，林业总投入与第二产业之间的关联度最大，其次是与林业总产值，再次是与林业第三产业之间，与林业第一产业之间的关联度最小。这说明目前林业在产业中的投资主要用途是扶持林业加工业。林业的直接产出和服务业扶持力度较为均衡。同时，由于林业总投入与林业总产值及内部三次产业产值具有较高的相关度，因此，加大林业总投入对于林业产业的发展具有一定的协同效应。

6.4.2.2 平原地区林业投入与林业总投入及三次产业产值的灰色关联度分析

分析林业总产值与林业投入结构之间的关联度，具体考察林业总产值与林业的地方财政投入、部门投入、企业和个人投入以及其他投入的关联性，其中，其他投入为国家投入和自筹资金。具体步骤如下：

(1)确定比较数列和参考数列，并进行原始数据变换。将林业总投入作为参考数列，林业产值及林业的地方财政投入、部门投入、企业和个人投入以及其他投入作为比较数列，时间序列为 2001～2005 年，单位均为万元，则形成数列矩阵。

地方财政（比较数列 X_1）	部门（比较数列 X_2）	企业和个人（比较数列 X_3）	其他（比较数列 X_4）	林业总产值（参考数列 X_0）
284410.4	38189.3	288690.5	68693.8	15341129.5
355974.9	78531.4	384317.4	99494.9	18883631.4
456204.6	76021.9	2062840.2	150560.8	22688875
550246.6	81403.3	627520.2	158420.2	27673524.7
612569.2	91899.1	624738.6	160930.5	33237429.5

(2)初值化变换，求关联系数。通过初值化变化，其结果形成标准化矩阵为：

X_1	X_2	X_3	X_4	X_0
1.00000	1.00000	1.00000	1.00000	1.00000
1.25162	2.05637	1.33124	1.44838	1.23092
1.60404	1.99066	7.14551	2.19177	1.47896
1.93469	2.13157	2.17368	2.30618	1.80388
2.15382	2.40641	2.16404	2.34272	2.16656

最大差值 $\Delta\max = 5.66655$

关联系数：

$G(0, 1) = 0.98037$ $G(2, 0) = 0.88794$ $G(3, 0) = 0.83656$

$G(4, 0) = 0.90372$

关联系数显示，平原地区林业总产值与林业地方财政投入的关联系数为 0.98037，与部门总投入的关联系数 0.88794，与企业和个人投入的关联系数为0.83656，与其他投入的关联系数为0.90372。

(3)根据关联系数排序，并形成关联矩阵。关联序与关联矩阵的输出结果为：

关 联 序：$\gamma1$ > $\gamma4$ > $\gamma2$ > $\gamma3$

关联矩阵 0.98037 0.88794 0.83656 0.90372

计算结果说明，林业总产值与地方财政投入之间的关联度最大，其次是与其他投入之间的关联度，再次是与部门投入之间的关联度，与企业和个人之间的关联度最低。由于林业总产值与地方财政投入和其他投入的关联度最大，而其他投入资金主要来源是国家投入和自筹资金，因而，可以肯定目前对林业产业发展影响最大的主要还是来自于财政资金。而从林业产业的远期发展来看，应该对政府进行重新定位，即政府的职能应该是在市场失灵的领域进行宏观调控。从近期来看，由于天然林保护工程的实施，禁伐和限伐的政策对木材市场进行了干预，从而导致林业经济的外部性，政府应该以财政手段予以必要的扶持。由此，在林业产业初级阶段，政府应以贴息、税收、财政投入等多重手段扶持林业产业，随着林业产业的发展和木材市场的完善，政府应逐渐退出市场，让市场这只看不见的手来调节林业经济运行，只有这样，才能建立林业企业的现代化运营机制和产业的市场运行机制。

6.5 实证分析结论

根据对林业产业结构的分析和评价，可以得出4点结论。

第一，林业产业的发展带动农业和平原地区经济的发展。通过灰色关联度分析发现，林业产业的发展带动了农业的发展和平原地区经济的发展。如图6-2所示，林业产业的外部结构中，林业产业与农业总产值、平原地区总产值具有关联性，尤其林业产业对平原地区总产值的关联程度是0.77496，说明林业产业对平原地区的经济贡献是比较大的。从2001～2005年的林业占平原地区产值比重的趋势也可看出，林业产业在平原地区的产业结构中呈缓慢上升的趋势。虽然林业产业能带动农业及平原地区产业的经济发展，但其本身发展速度还是比较缓慢的，产业结构的变动幅度小于平原地区产业结构变动的平均水平。

第二，平原地区林业产业还处于初级阶段，三次产业结构发展不均衡。总体而言，平原地区林业产业还处于初级阶段，属于弱质产业。从产业关联性分析，林业第一产业、第二产业和第三产业与林业总产值的相关度分别为：

0.61470、0.62484、0.60757，3个指标解释为平原地区林业三次产业对林业总产值具有相关性，但相关性不是很强，进一步说明三次产业对平原地区林业总产值的贡献水平不高，林业产业是弱质产业，本身发展水平还处于初级阶段。从平原地区林业产业结构的变动程度分析，三次产业结构发展不均衡。2001～2005年，平原地区林业第二产业占林业总产值的比重从51.62%增加到60.03%，K值的变动幅度正向增加了16.28%，而第一产业的比重从41.91%下降到34.27%，下降幅度为18.23%，第三产业的比重从6.46%下降到5.69%，下降幅度为11.81%。由此，林业产值中一产、二产的比重相对突出，而三产虽然产值增加很快，2001～2005年，增加了91.1%，但在产业中的产值份额却很小。因此，平原地区林业内部三次产业结构存在明显的不均衡性。

第三，平原地区林业第二产业应该确立为林业发展的主导产业。灰色关联度分析结果可以看出，林业产业的主导产业不明显。如图6-2所示，林业第一产业、第二产业和第三产业之间的关联系数相差不大，均大于且接近于在0.6，首先说明林业三次产业结构对林业产业的产值贡献不显著，林业三次产业结构对林业产业的拉动作用相当，由此平原地区林业产业的主导产业不明显。

从长远来看，主导产业的确立对与平原地区林业产业的发展是极其重要的，平原地区林业第二产业可以确立为林业产业发展的主导产业。原因有3点：首先，从相关度而言，可以将相关度最高的林业第二产业作为未来发展的主导产业，即林业加工制造业。从2001～2005年，林业第二产业的发展趋势而言，其结构比例也是正向增加的，5年内林业第二产业总产值增加了151.95%，增加趋势变动幅度K为16.28%，在平原地区林业三次产业结构中增加幅度和变动幅度是最快且最大的；其次，从林业投入角度而言，林业第二产业产值与林业总投入的相关度最大，即0.82257，说明林业总投入对林业第二产业产值的拉动作用是最强的；最后，从世界林业发达国家的经验而言，林业第二产业(工业)产出多数达到70%以上，有的甚至占到了林业总产出的90%以上。与之相比，我国林产工业的发展远远落后于林业发达国家。综上所述，从未来的发展而言，应该将林业第二产业作为平原地区林业发展的主导产业。

第四，目前林业产业及其三次产业的发展应加大财政支持力度。短期而言，应该增加财政对林业的投入规模。从林业投入结构对林业总产值的灰色关联度分析，两类资金投入与林业总产值的关联性最强，即地方财政投入和其他投入，其中，其他投入包括国家投入资金和自筹资金，国家投入资金主要是以财政资金投入，且在其他投入中占绝大比例。。这两类投资渠道对林业总产值的关联系数分别为0.98和0.90，可见，财政投入对林业总产值的拉动效应是很强的，为了发展林业产业，则应该加大财政支持力度。这里需要说明的是关于政府的职能，即政府作为公共部门应该应用公共政策宏观调节经济的运行，其职能限于调控经济失灵的部分，这符合对目前林业产业的扶持。由于天然林保护工程的实施，禁伐和限伐政策的实施，导致林业企业的木材原料短缺，大批林业企业的倒闭，对林业产业造成重大影响。从经济学分析，则是政府对市场进行了干预，导致市场失灵，产生了林业产业的经济外部性。为了弥补这种经济外部性，达到社会福利最大化，形成帕累托效率，政府必须进一步对林业经济进行宏观调控，在林业产业发展的初级阶段，木材资源极其短缺的情况下，可以直接采取财政投入的方式进行产业扶持，随着林业产业的进一步发展，制定和完善林业产业政策，运用税收减免、贴息等财政手段来调控林业经济的发展，扶持林业产业，从长远来看，应该使林业产业逐步过渡为市场化的运作模式，同时逐渐消除林业经济外部性，达到帕累托效率。

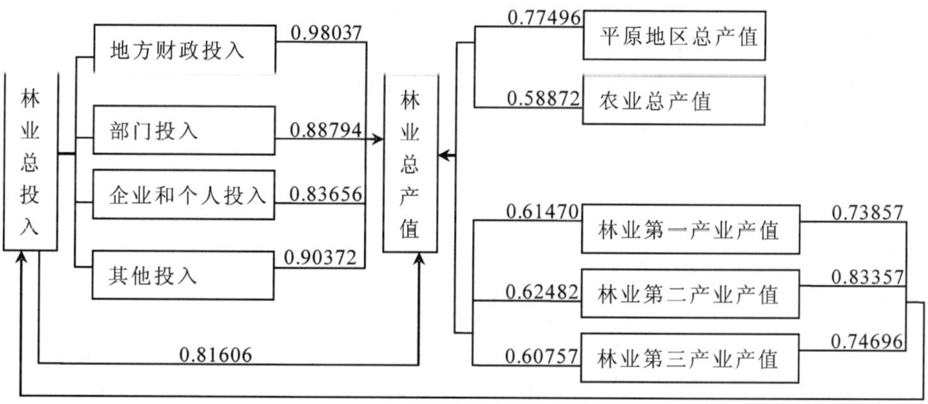

注释：图中“其他”主要包含国家投入资金和自筹资金。

图6-2 平原地区林业产业结构系数图

Fig. 6-2 Indexes on Forestry Industry Structure

6.6 小　结

本章分三个部分，对平原地区林业经济功效的结构展开分析和评价。

第一部分界定了平原地区林业经济结构评价的理论基础，确定平原地区林业经济功能的结构分析主要是基于其概念，从林业产业结构进行分析和评价。在此基础上，阐述了产业结构中主导产业选择的3个基准选择产业关联度基准。对平原地区林业分经济结构进行了分析。

第二部分主要介绍评价方法。应用指标分析法和灰色关联度分析法，对平原地区林业产业进行外部结构和内部结构的评价，其中，外部结构是宏观层面——国民经济层面的分析，具体主要分析与农业和平原地区总产的结构和关系；内部结构是中观层面——产业层面，分析平原地区林业三次产业结构。在指标的选取上，主要应用产业结构分析的基本指标，即产业结构变动值和产业结构变动程度两个指标。

第三部分为实证分析。

首先对平原地区林业产业结构进行一般分析，以林业产业结构变动值和变动程度两个指标，对平原地区林业产业结构进行了宏观层面和中观层面的分析，即进行林业总产值内部结构和外部结构的分析。

然后应用DPS统计工具，运用灰色产业关联度进行深层次分析，具体对林业产业进行林业产值外部结构和内部结构的关联性分析和评价，其外部结构评价是以林业产业与农业产业和地区林业产业之间的关联排序进行评价，结果是平原地区林业总产值与平原地区总产值的关联性最强。其内部结构是分析林业三次产业与林业总产值的关联排序，排序结果是林业第二产业产值与林业总产值的关联性最强；同时应用灰色关联度方法对林业投入与产出进行评价。具体对林业总产值及其三次产业产值与林业总投入之间进行关联排序，排序结果是林业第二产业产值与林业总投入的关联性最强，以及对林业投入结构和林业总产值的关联性进行排序，排序结果是地方财政投入与林业总产值的关联性最强。

最后基于指标分析法和灰色关联度分析法，对平原地区林业产业结构分析评价，发现林业产业的发展带动了农业和平原地区经济的发展，平原地区林业产业还处于初级阶段，三次产业结构发展不均衡，第二产业应该确立为林业发展的主导产业，对林业产业及其三次产业的发展应加大财政支持力度。

7 基于平原地区林业经济功效评价的分类经营和利益相关分析

7.1 基于平原地区林业经济功效评价的分类经营

通过上文的分析，平原地区不同区域的林业经济功效是不同的，而且存在着显著差异。由此，比较科学的管理方法，就是采取分类经营。这种分类经营，应该从林业经济功能的角度，进行系统的分类，进而根据各地的资源特点进行分类经营和管理，从而充分发挥平原地区区域优势，提高区域林业经济功效，带动整个平原地区林业经济的发展。

7.1.1 平原地区林业经济功效的聚类分析

在社会科学研究分析中，经常需要对研究问题涉及的对象(即样本)进行分类，通过分类，可以将数量繁多的样本化简归为几类，通过分析不同类型之间的区别联系，可以总结归纳出一些规律，便于解决该问题或方便类似问题的解决。

7.1.1.1 聚类分析方法的概念

聚类分析(cluster analysis)是一种分类方法，是依据某种准则对样本或变量进行分类的一种多元统计分析方法。它是通过对样本或变量的亲疏程度分类，目的在于将相似的事物归类。其原则是同一类中的个体有较大的相似性，不同类的个体差异性很大。

这种方法适用于没有经验知识的分类。如果没有这些事先的经验或一些国际、国内、行业标准，分类便会显得随意和主观。这时只要设定比较完善的分类变量，就可以通过聚类分析法得到较为科学合理的类别，可以处理多个变量决定的分类。

在聚类分析中，对样本进行分类被称为 Q 型聚类，对变量进行分类被称为 R 型聚类。本著作采用 Q 型聚类，采用层次聚类法，应用 SPSS 统计软件对平原地区林业经济功效进行层次聚类分析。

本著作分别采用 3 种聚类方法即最短距离法(nearest neighbor)、最长距离法(further neighbor)和 Ward 离差平方和法(Ward's method)将 26 个省(自治区、直辖市)分为 4 个类别。在对距离的测定方法上，采用平方欧式距离(squared euclidean distance)。

7.1.1.2 聚类分析方法的指标选取和步骤

7.1.1.2.1 聚类分析方法的指标选取

采用聚类分析方法，对平原地区林业按照经济功效进行区域分类，其指标的选取仍是建立在调研数据可用性的基础上。基本指标选取详见表 4-2。在此基础上，进一步进行相关度分析，遵循指标独立性原则，经过聚类分析的多指标尝试，最终选取了 15 个指标。具体选取指标和省份名录见表 7-1。

表 7-1 聚类分析指标和省份名录

Tab. 7-1 Indexes and provinces investigated for Clustering Analysis

具体指标	单位	调查地区省份名录
耕地面积、林地面积	公顷	东北地区：辽宁、吉林、黑龙江
县总人口、农业从业人口、林业从业人口	人	中南地区：河南、湖北、湖南、广东、广西、海南
省生产总值、农业总产值、林业总产值	万元	西南地区：四川
林业总投入、县财政收入、农民林业年纯收入	万元	西北地区：陕西、甘肃、宁夏、新疆
农林间作、农田林网、绿色通道折合面积	公顷	华北地区：北京、天津、河北、山西、内蒙古
活立木蓄积	立方米	华东地区：上海、江苏、浙江、江西、安徽、福建、江西、山东

7.1.1.2.2 聚类分析方法的步骤

研究采用层次聚类分析方法，基于平原地区经济功效进行区域分类，具体步骤如下：

第一步，确定基础数据，选定一种相似性度量准则，计算出相似性度量矩阵。研究选择平方欧式距离法。

对于 n 维空间的任意点 $x(x_1, x_2, \cdots, x_n)$，$y(y_1, y_2, \cdots, y_n)$，$z(z_1, z_2, \cdots, z_n)$定义 $D(x, y)$为 x，y 之间的距离，如果它们满足下列条件：

(1)$D(x, y) \geqq 0$

(2)$D(x, x) = 0$

(3)$D(x, y) = D(y, z)$

(4)$D(x, y) \leqq D(x, z) + D(y, z)$

如果仅满足(1)、(2)和(3)，而不满足(4)，则称 $D(x, y)$为广义距离。

对于 n 个特征的任意两个样本 $x_i(x_{1i}, x_{2i}, \cdots, x_{ni})$，$x_j(x_{1j}, x_{2j}, \cdots, x_{nj})$，平方欧式距离的公式为：

$$D_{ij} = \sum_{k=1}^{n} (x_{ki} - x_{kj})^2 \tag{7-1}$$

第二步，各个样本自成一类，即 N 个样本就有 N 类，样本涉及 26 个省份，因而就有 26 类。

第三步，将各类中最相似的两类合并成新类。在这里主要应用相关系数对样本合并新类。

对于 n 个特征的任意两个样本 $x_i(x_{1i}, x_{2i}, \cdots, x_{ni})$，$x_j(x_{1j}, x_{2j}, \cdots, x_{nj})$，定义 $R(x, y)$ 为相关度，如果满足下列条件：

(1) $|R(x, y)| \leqslant 1$

(2) $|R(x, x)| = 1$

(3) $R(x, y) = R(y, x)$

$|R(x, y)|$ 越接近于 1，说明 x 与 y 的关系越密切。

采用相关系数(Pearson Correlation)进行相关测度的计算，公式为：

$$R_{ij} = \frac{\sum_{k=1}^{p} (x_{ij} - \bar{x}_i)(x_{kj} - \bar{x}_j)}{\sqrt{\sum_{k=1}^{p} (x_{ki} - \bar{x}_i)^2 \sum_{k=1}^{p} (x_{kj} - \bar{x}_j)^2}} \tag{7-2}$$

第四步，按某种求新类相似性的方法，计算新类与其余各类间的相似性，再将其中最相似的两类合并，并重复这一步，直到最后聚成一大类为止。采用最短距离法、最长距离法和离差平方和法试算，经过测试，最终采用离差平方和法(Ward's method)进行类合并。

离差平方和法的计算公式为：

$$D_{ri} = \alpha_p D_{pi}^2 + \alpha_q D_{qi}^2 + \beta D_{pq}^2 + \delta | D_{pi}^2 - D_{qi}^2 | \tag{7-3}$$

其中，系数的计算公式为：

$$\alpha_p = (n_i + n_p)/(n_i + n_r)$$

$$\alpha_q = (n_i + n_q)/(n_i + n_r)$$

$$\beta = -n_i/(n_i + n_r)$$

$$\delta = 0$$

n_p、n_q、n_r 分别代表第 p、q、r 类的样本个数。

第五步，根据聚类过程画出谱系图，直观表示分析结果。

7.1.1.3　聚类分析及结果

根据聚类分析的上述步骤，将所选指标和26个省(自治区、直辖市)的样本数据输入SPSS统计软件，选择最短距离法、最长距离法和离差平方和法，将平原地区的区域分为5类和6类，进行了十几次的验算和输出，最后采取了离差平方和法进行分类。结果如下：

(1)采用的数据变换方法为正规化方法(RAGE0—1)，聚类方法选择Ward聚类方法，具体将平原地区的经济功能区划分为5类，基础数据输出结果见表7-2。

表7-2　数据处理结果汇总表

Tab. 7-2　Case Processing Summary (a)

Cases					
Valid		Missing		Total	
N	Percent	N	Percent	N	Percent
26	100.0%	0	0.0%	26	100.0%

a　Squared Euclidean Distance used

由表7-2可知，数据没有缺失。

(2)聚类谱系图。由表7-2可知，数据是完整的，在这个基础上，SPSS统计工具输出的结果见图7-1。根据图7-1，将平原地区林业经济功效区分为5类，分区结果见表7-3。

表7-3　平原地区林业经济功效聚类分析结果

Tab. 7-3　Results of forestry economic function using cluster analysis in the plain areas

林业经济区域	具体省份
区域1	北京、天津、山西、内蒙古、辽宁、福建、湖北、湖南、河北、河南、江西、广西、海南、四川、陕西、甘肃、宁夏
区域2	河北、安徽、河南
区域3	吉林、黑龙江、新疆
区域4	上海、浙江、广东
区域5	江苏、山东

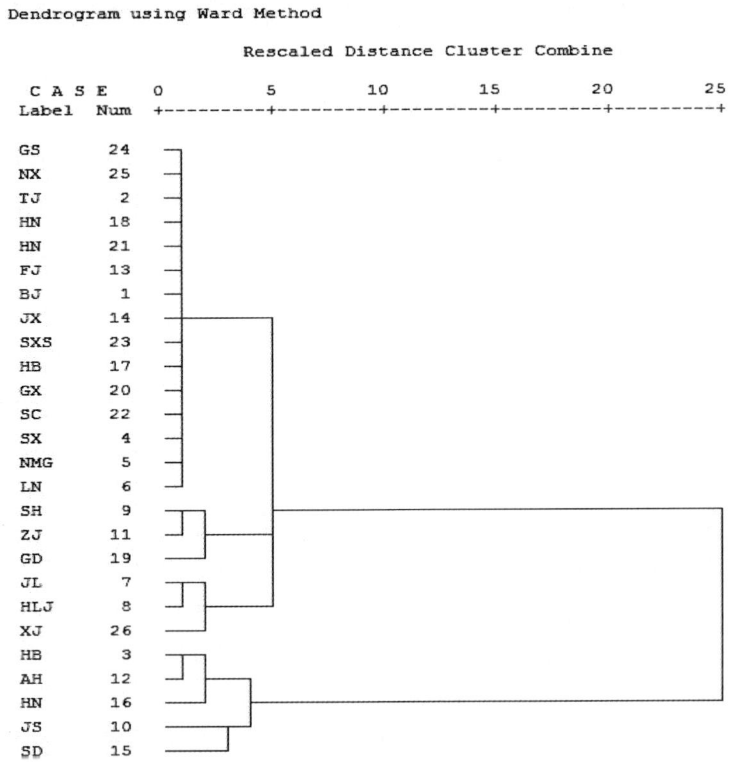

图 7-1 平原地区林业经济功效分区谱系图

Fig. 7-1 Subree pedigree of forestry economic function in plain areas

7.1.2 平原地区林业经济的区域分类经营框架

根据聚类分析结果，结合主成分分析和因子分析法对平原地区林业经济功效的综合评价结果(详见第四章)，以及平原地区省份的地理位置，进一步将平原地区林业经济区域整合为六类，即沿海地区、北部地区、东中部地区、东北部地区、南部地区和西北地区，其中沿海地区又细分为两类，即区域 1 包括山东省和江苏省，这两个省份在地理上是邻省，从林业经济功效而言，属于综合排名的第 1 和第 2 名，对比其他沿海省份，在林业经济资源方面具有绝对优势，因而将其归为一类。区域 2 则是上海市、浙江省和广东省。在这里，值得说明的是在西北地区，陕西省与甘肃省和宁夏回族自治区在林业经济功效的综合排序方面是靠前的，更接近于东北部地区，但由于地理位置和便于分类经营管理，将它还是列入第 6 类西北地区。另外，新疆维吾尔自治区的林业经济综合功效与吉林省和黑龙江省相似，因此，将其划分为一类，作为第 3 类区域。

表 7-4　平原地区林业经济功效分区

Tab. 7-4　Subareas of forestry economic function in plain areas

类型	类命名—林业经济功效区	省份
第 1 类	区域 1	江苏、山东
	区域 2	上海、浙江、广东
第 2 类		北京、天津、山西、内蒙古、辽宁
第 3 类		吉林、黑龙江、新疆
第 4 类		河北、安徽、河南
第 5 类		湖北、湖南、四川、广西、海南、福建、江西
第 6 类		甘肃、宁夏、陕西

按照平原地区林业经济功效分区结果，以及区域的实际情况，提出如下分类经营政策：

(1)逐步形成以东部沿海地区和南部地区为主导的用材林产业带，主要区域为第 1 类和第 5 类；以东北部地区、西北地区和东部沿海地区为主导的重点干鲜果品经济林产业带，主要区域为第 1 类、第 2 类和第 6 类；以南部地区竹资源集中分布区为依托的竹产业带，主要区域为第 5 类。

(2)第 1 类区域建设以口岸进口原料为依托，以精深加工为重点，以国内和国际市场为导向的林产品加工集群。尤其是在江苏和山东地区(区域 1)扶持林业第二产业林业龙头企业，发挥林产业的规模效益。同时在该地区应该建立用材林产业带，同时蚕茧的生产存在比较优势，可以作为非林木资源的主导产业。

(3)第 2 类地区和第 4 类地区建立果品和花卉产业为主的主导产业。

(4)第 3 类地区主要建立原木生产基地，以原木产业为该区域的主导产业。

(5)第 5 类地区主要建立竹材基地，同时发展种苗和花卉非林木资源为主导产业。

(6)第 6 类地区应建立和发展原木、薪材主导产业，扶持果品产业作为非林木资源的主导产业。

7.2 基于平原地区林业经济功效评价的利益相关分析

7.2.1 利益相关者理论

利益相关者理论的研究从20世纪60年代开始，至今已近50年的历史，目前在我国的应用较广，尤其是对企业管理的应用。但利益相关者的概念至今还没形成统一认识。下文将从利益相关者理论的发展、利益相关者概念的界定和利益相关者的分类进行阐述。

7.2.1.1 利益相关者理论的发展

利益相关者理论(Stakeholder Theory)是20世纪60年代起源于英美等西方国家的一种管理论，进入20世纪80年代以后其影响开始扩大，并促进了企业管理理念和管理方式的转变。1927年通用电气公司的一位经理在其就职演说中首次提出公司应该为利益相关者服务的思想(刘俊海，1999)，但是，利益相关者作为一个明确的理论概念是在1963年由斯坦福研究所(SRI，Stanford Research Institute)提出的。而利益相关者观点形成一个独立的理论分支则得益于瑞安曼(Eric Rhenman)和安索夫(Igor Ansoff)的开创性研究。1965年美国学者Ansoff最早将该词引入管理学界和经济学界，认为“要制定出一个理想的企业目标，必须综合平衡考虑企业的诸多利益相关者之间相互冲突的索取权，他们可能包括管理人员、工人、股东、供应商以及分销商”。后来经弗里曼(Freeman)、布莱尔(Blair)、多纳德逊(Donaldson)、米切尔(Mitchell)、克拉克森(Clarkson)等学者的共同努力，利益相关者理论形成了比较完善的理论框架。1977年，宾夕法尼亚的沃顿学院(Wharton School)首次开设“利益相关者管理”的课程(付俊文、赵红，2006)，表明利益相关者理论已开始被西方学术界和企业界所重视，并在实际应用中取得了很好的效果，自此利益相关者理论开始引起关注(李洋等，2004)。随着利益相关者理论的不断发展和完善，该理论已经被广泛应用于管理学、社会学、经济学、法学等诸多领域。

7.2.1.2 利益相关者的概念界定

自利益相关者第一个概念出现至今，有关利益相关者概念的表述很多，且“没有一个定义得到普遍赞同”(多纳德逊、邓非，2001/1999)。米切尔和伍德(Mitehell&Wood，1997)曾总结了从1963年有关利益相关者的第一个概念至今的27种代表性概念表述，其中弗里曼(1984)与克拉克森(1994)的表述最具代表性，而且这两个概念的对比能够说明学术界对此概念界定的趋势。弗里曼(1984)认为"利益相关者是能够影响一个组织目标的实现，或者受到一个组织实现其目标过程影响的人"，这个概念直观地描述了利益相关者与组织(企业)之间的关系，当然这个概念对利益相关者的界定相当宽泛，股东、债权人、雇员、供应商、顾客这些主体必在此概念界定之内，公众、社区、环境、媒体等可以想到的团体与个人都会对企业活动造成直接或间接，或大或小的影响。卡拉克森(1994)认为"利益相关者以及在企业中投入了一些实物资本、人力资本、财务资本或一些有价值的东西，并由此而承担了某些形式的风险。或者说，他们因企业活动而承受风险"，进一步加强了利益相关者与企业的关联，强调专用性投资，于是一些集体或个人如媒体便不在利益相关者定义之列。这两个概念的对比表明对利益相关者的界定趋于具体化和集中化。

本研究是从中观层面，即林业产业层面对平原地区的林业经济功效进行分析和评价，因而仅仅将利益相关者的概念限定在企业层面是狭隘的，因此，本次研究对利益相关者的概念，界定在弗里曼的利益相关者定义，我们认为：利益相关者是能够影响林业产业经济目标的实现，或者为了实现林业产业经济目标过程影响的组织或个人。

7.2.1.3　利益相关者的分类

只有对利益相关者进行科学的分类，才能针对不同类别的利益相关者进行科学管理，而已有的相关文献较为丰富，根据时间线索对利益相关者的分类主要集中在多维细分法和米切尔(Mitchell)评分法(李苹莉，2001)。多维细分法又包括 Freeman、Frederick、Charkham、Clarkson、Wheeler 等人的分类结果。

Freeman(1984)从所有权、经济依赖性和社会利益 3 个不同的角度对企业利益相关者进行分类，所有持有公司股票者是对企业拥有所有权的利益相关者，对企业有经济依赖性的利益相关者包括经理人员、债权人、雇员、消费者、供应商、竞争者、地方社区等，而政府领导人、媒体等则与公司在社会利益上有关系。Frederick(1988)将利益相关者分为直接和间接利益相关者，其中直接利益相关者是与企业直接发生市场交易关系的利益相关者，包括股东、企业员工、债权人、供应商等，间接利益相关者则是与企业发生非市场关系的利益相关者，包括中央政府、地方政府、社会活动团体、媒体、一般公众等。Charkham(1992)按照相关群体与企业是否存在交易性的合同关系，将利益相关者分为契约型利益相关者和公众型利益相关者。Clarkson(1994)认为可以根据相关群体在企业经营活动中承担的风险种类，将利益相关者分为自愿的和非自愿的，区分的标准是主体是否自愿向企业提供物质资本和非物质资本投资。还可以根据相关群体与企业的紧密性，分为首要的和次要的利益相关者。Wheeler(1998)将社会性维度引入分类标准中，并将利益相关者分为首要的社会性利益相关者，他们与企业有直接关系，并且有人的参加；次要的社会性利益相关者，他们通过社会性的活动与企业形成间接联系；首要的非社会性利益相关者，他们与企业有直接影响，但不与具体的人发生联系；次要的非社会性利益相关者，他们对企业有间接影响，也不包括与人的联系。Mitchell(1997)根据合法性，即某一群体是否被赋有法律上的、道义上的或者特定的对于企业的索取权；权力性，即某一群体是否拥有影响企业决策的地位、能力和相应的手段；紧急性，即某一群体的要求能否立即引起企业管理层的关注若这三大属性均拥有则是确定型(definitive)利益相关者，若只拥有两项则是关键(dominant)、从属(dependent)和危险(dangerous)利益相关者，若只拥有一种则是蛰伏(dormant)、或有(diseretiona)和要求(demanding)利益相关者。

本文认为根据Clarkson(1994)的分类方法，即根据相关群体与企业的紧密性将利益相关者分为首要社会性利益相关者和次要社会性利益相关者，具有较强的实用性。而且，对于不同的行业、某行业内企业的不同发展阶段，企业的利益相关者是不相同的，或者说同样的群体或个人针对不同性质的企业或企业的不同发展阶段会归入不同类型的利益相关者。例如，政府对于市场竞争程度很高的企业来说，应是次要利益相关者，而对于垄断性较高的企业，应是主要利益相关者。同时，由于研究的着眼点是中观层面的问题，即平原地区林业产业的问题，因而，在利益相关者的界定中，主要考虑产业组织，而不具体到个体，即人的参与。

7.2.2　平原地区林业经济功效的利益相关主体

按照利益相关者的划分，平原地区林业经济功效的利益相关者分为两类，即首要利益相关者与次要利益相关者。这里的首要利益相关者与次要利益相关者的相关性主要联系与林业产业，林业产业的发展体现林业经济功能的作用。由此，先对林业产业链进行分析，在此基础上，对林业产业相关利益者进行划分。

7.2.2.1　平原地区林业产业链的描述

由于平原地区林业经济功效的发挥直接反映在林业产业链的各节点上，因此，通过林业产业链的描述，分析在不同产业中，即上游企业、中游企业和下游企业中的各方利益关系者。

林业产业链是以森林资源为源头、以森林经营为内容的价值创造体系，是贯穿国民经济第一、第二、第三产业的链式产业系统。理想的完善的林业产业链由林业上、中、下游环节和与之相关联产业以及相应的支持环节组成，“是一个贯通资源市场、流通市场、生产市场、需求市场和服务市场，由围绕林业向市场提供不同功能服务的企业或单元组成的网络结构”。这些产业群依其关联顺序包括为林业生产做准备的育种、种植以及与之相关联产业等上游环节；以林产品为原料的加工业以及与之相关联产业等中游环节；以储存、运输、销售以及与之相关联产业等下游环节。从价值链角度看，林业产业链基本环节囊括了上游、中游、下游环节中的产业，支持性环节包括人才培养、科研、信息服务以及生态建设等(图 7-2)。

从平原地区产业链的角度来看，平原地区利益相关者包括林农、企业(初加工企业和深加工企业)、政府、林场、科研教育机构、信息服务机构(会计师事务所等)、金融机构、市场调研机构、媒体、社会公众等。

7.2.2.2 首要利益相关者

林业首要的社会性利益相关者，与林业产业有直接关系，对产业有直接影响，但不与具体的人发生联系。平原地区林业产业的首要利益相关者有 4 类，即政府、林业企业、林农、林场。

(1)林农。林业第一产业，即林业的直接经济产出，初级加工业，主要是林木资源及林副产品，具体主要是原木、薪材、竹材、果品、种苗、花卉、茶叶和蚕茧等，在平原地区林业第一产业链中，最重要的利益相关者之一就是农民，在此称为林农。

在平原地区，农田林网和农林间作等复合型经营模式，为平原地区农民增加了粮食产量，提高了经济收入。

典型调查：河南省农田林网农林复合模式使农民粮食增产

河南平原地区有林地面积 1612 万亩，活立木蓄积量 1. 32 亿立方米，分别占全省总量的 27. 5% 和 53%；林木覆盖率 16. 87%，农田林网、农林间作面积达 8500 万亩，农田林网与农林间作控制率达 90%，沟河路渠绿化率达 95%，村庄绿化覆盖率 40%。10 多万千米铁路、公路和河渠等廊道两旁林木绵延不断，多林种、多树种合理配置的综合农田防护林体系已成为平原地区的一道绿色屏障，产生了显著的综合效益。濮阳市森林覆盖率较 10 年前提高 8 个百分点，空气相对湿度提高 0. 8%，大风日数减少 47. 8%，风沙日数减少 69. 7%，空气质量明显提高，对小麦产生巨大危害的干热风基本消失。生态环境的改善，促进了农业的稳产高产，出现了林茂粮丰的喜人局面。在豫东、豫北沙质平原区可使小麦增产 6. 8% ~ 17. 6%、玉米增产 5. 5% ~ 13. 1%，花生增产 4. 7% ~

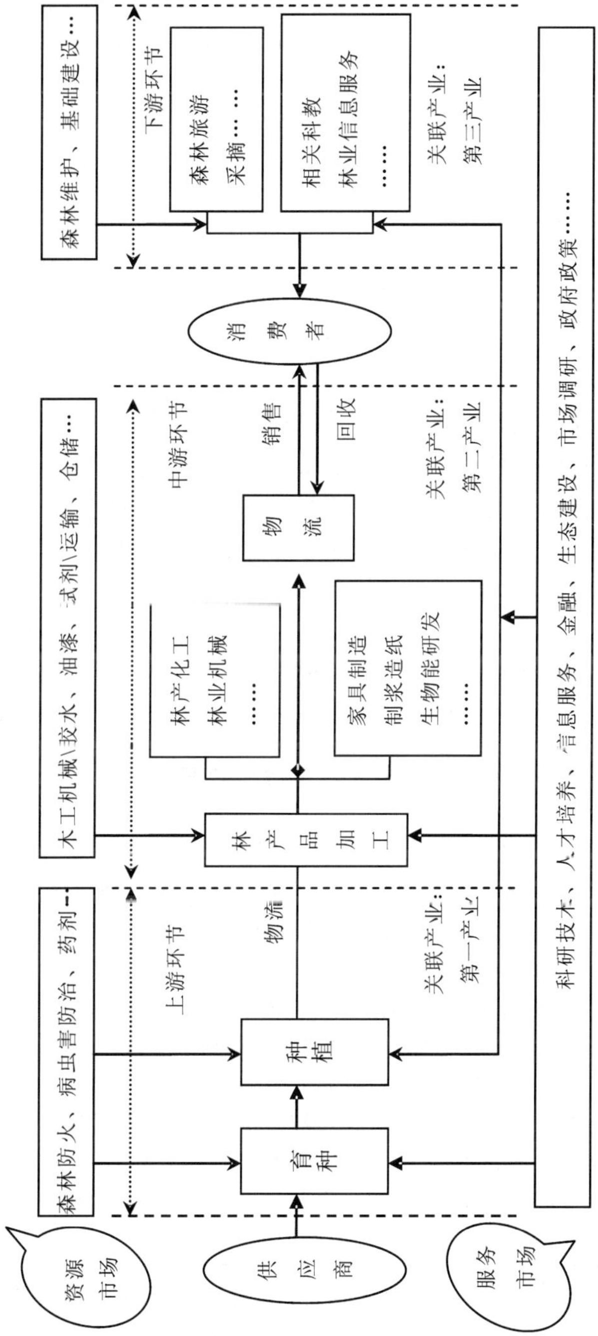

图 7-2 林业产业链简化图

Fig. 7-2 Simplified figure on forestry industry chain

资料来源：郭承龙等在《林业经济问题》(2009:29(1).P59)中的文章"林业产业链的形成机制探析"整理所得。

8.4%、棉花增产8.3%～12.8%、西瓜增产12.4%。据河南省林科院2007年在河南省新乡、开封两市测定，按250米×300米(112亩)、350米×400米(210亩)配置的农田林网，小麦减产区占8.6%～18.1%，平产区占12.8%～18.1%，增产区占63.8%～78.6%，平均增加单产12.3%～15.2%。河南省平原地区粮食产量由2000年的323.75亿千克提高到2006年的414.1亿千克。农田防护林体系显著改善了农业的生态环境，稳定和提高粮食生产能力。

林业是农业的生态屏障，农田林网是农田基本建设的重要内容。农田林网改善了农作物的生态环境，对农作物增产起到积极的作用。2005年我国平原地区农作物总产量60736.40万吨，其中粮食作物产量26252.04万吨，油料作物产量1634.39万吨，经济作物产量27250.79万吨，其他作物7735.61万吨。从农田林网的复合型模式而言，2005年平原地区有78.10%基本农田已有农田林网庇护，一般有林网保护的农田能够增产10%～30%，若按10%估算，2005年全国平原区有林网庇护的农作物增产约为4734万吨。

2005年平原地区农民人均纯收入达到了3688元，华东地区和华北地区分别达到了4137元和3817元。在北方平原地区农民种植杨树，1立方米木材少则收入500～600元，多则上千元，每亩收入是农作物的3～6倍。山东省菏泽市有林地面积达到480多万亩，活立木蓄积量达到1969万立方米，林业总产值突破180亿元，从业人员达60万人，农民人均收入的31%来自林业。

典型调查：河南省林农的经济效益

河南省因地制宜，在全省内采取林粮、林果、林菜、林药、林草间作等多种农林复合经营方式，大力发展速生丰产用材林、名特优新经济林，有力地促进了平原地区农村产业结构调整，提高了农民收入。2001～2005年，全省林业总产值增加近60亿元，农民从林业产业中人均增收400元。2001年，全省平原地区茶、桑、果产值达31.13亿元，占全省茶、桑、果产值的56.7%。2005年，全省平原地区茶、桑、果产值达39.17亿元，占全省茶、桑、果产值的57.8%。商丘市年林业总产值达23.6亿元，人均林业纯收入占农民年均纯收入的25.6%。宁陵县石桥乡刘花桥村发展“谢花酥梨”万余亩，年产酥梨1100万千克，仅此一项人均收入4540元，占人均纯收入的95%以上。西华县大力发展以大枣、苹果为主的经济林，面积达30多万亩，干鲜果品总产量近1亿千克。鄢陵县大力实施“以花富县、依花名县”战略，加快花卉“一廊两带”建设，截至目前，全县花卉种植面积达45万亩，产值达到16亿元以上，占农业总产值的34%，花木主产区人均纯收入达到7000多元。

林地流转直接影响到平原地区林农的经济利益。林农成为投资主体、经营主体、受益主体，可以利用经济利益驱动，调动林农参与林业产业的经济性。其内在机理来自4个方面：①林地民营后，粗放经营转为集约经营，规范与精心抚育会迅速出现。私营造林追求利润，以市场为导向，全力培育优质壮苗，规范栽植和精心管护。私营造林主体在进入林业产业后，不仅带来了资金、劳动力和经验，而且，还由于他们以经济效益为取向，从而为集约经营提供了内在动力，能更大程度地激活发展林业的一切要素。②林地民营后，林农直接投资受益。乡镇、村、组不再为商品林生产直接出资派劳，其投资的负担大大减轻。③林农栽树获取利润的目标必定是通过速生、丰产、优质、高效的造林去实现。因此私营造林后，木材质量变优，产量变高，周期缩短，成本降低，最终效益提高。④树木林地私营后，产权明晰，利益直接，林农为了维护自身利益，必然自发地抵制损坏自己树木的各种行为。索取赔偿、补偿以及要求调解的申诉会增多，破坏林业的案件减少。

目前与产权制度相适应的林农经营模式在非木材资源方面的经营获取了巨大成功，但在林木资源的经营模式上还存在多种问题。与产权制度相适应的林农经营模式主要还是农民家庭经营，农户作为林业生产经营的基本经济单位，每个产权主体拥有的林地面积少，只有采取集约经营方式，才能提高林地的产出率。这在经济林、竹林、花卉等周期短、见效快、收益大的领域取得了巨大的成功。而对于周期长的用材林，由于利益分配不合理，边际投入带来实际的边际收益不足以激励农户，加之农户缺少资金积累，不得不继续走粗放经营的模式。农户经营组织效率低下，由于经营规模太小，限制了劳动生产率和商品率的提高，林地规模限制了资本投入，经营行为过于分散，不能适应日益扩大的市场化的需要。这样，小农户与大市场之间的矛盾、林地碎化与规模经营之间的矛盾，林业组织结构落后不利于提高林业经济效益等问题突出。

(2)林业企业。林业企业构成了林业产业的首要利益相关者之一，在现实中主要反映在林业第二产业中。林业企业在林业产业中即获取了利润又承担了经营风险，是林业加工制造业的直接利益关系者。

在平原地区林业产值结构的分析中，本书将林业第二产业作为林业产业发展的支柱产业。在第二产业的林业产业中的林业企业普遍存在着以下问题，致使其总体利益受损。

首先，在平原地区林业总产值中，比重较高的还是初次级加工产品，深精加工产品不足。从林业第二产业产值结构看，家具、木地板制造及制浆造纸等精、深加工产业发展迅速。其中，锯材、木片加工，人造板制造业，单板制造业产值797.4亿元，占第二产业总产值的40%；家具、木地板制造业占比重为 29.14%；最后是制浆造纸业、林产化学工业。因此，林业企业的产品的高科技附加值的产品比例较低。在平原地区林业总产值中，比重较高的还是初次级加工产品，深精加工产品不足。

其次，普遍存在着林业企业数量多、规模小，龙头企业很少的现状。平原地区林业企业集中度低，经营过于分散，不能产生规模效益。尤其木制品行业产业集中度低，有知名品牌的龙头企业不多，“小而全”的企业不少，有的还是手工作坊。与木制品有关的相关产业也跟不上发展的需要。江苏 1207 个林业企业中，仅有两家企业为中型企业，其余均为小型企业。现有 419 家制材厂，平均生产能力只有 1200 立方米左右；138 家胶合板厂，平均生产能力只有 6000 多立方米；10 家纤维板厂(含中密度纤维板生产)的平均生产能力约 5000 立方米；28 家刨花板厂的平均生产能力仅有 3200 多立方米(廖浪涛、丁胜，2002)。而且由于缺乏获取信息、技术和资本的能力，规模不经济使投资无利可图，无专门采购部门，不能保证原材料来源合理，没有足够的经济实力向客户和供应商转移成本，难以推行可持续认证和产品标记，在国际贸易中容易受到绿色壁垒的冲击。

最后，平原地区林业产业链断链，林业企业间的产业协同效应弱。平原地区林业第二产业与第一产业的产业链衔接不紧，加大了林业企业的成本。林业第一产业多为家庭作坊经营模式，作为上游企业，其木材资源的生产是中游产业林产加工企业的原料，但往往林业第二产业中的企业对国内第一产业市场的介入不足，林业第一产业为了获取高利润，很多林木资源直接出口，致使国内林木资源市场林木原料更为短缺。林业第二产业企业的林木只能从国外进口，加大了企业的原料成本，导致企业利润的减少，林业企业间的产业协同效应不强。

(3)政府。按照行政级次，政府包括中央政府和地方政府两个层面，而地方政府又分为省政府、市政府、县政府、乡政府和村政府。

由于林业产业处于社会主义初期自我调整的经济阶段。所以在一定程度上需要政府的扶持。因而政府必然成为林业经济功效充分发挥的首要社会性利益关系者。同时，在林业产业的第三产业中，由于自然保护区、风景名胜区具有拥挤效应和排他性，在一定程度上，属于林业的纯公共产品，因而政府作为公共部门，必然成为其主管部门，充当林业产业的首要社会利益关系者。对于政府而言，直接的利益是获取林业相关的税费收缴。但政府在林业产业的发展中，更多的是充当宏观调控的角色。

典型调查：林业产业的发展对县财政收入的贡献

山东省菏泽市有林地面积达到480多万亩，活立木蓄积量达到1969万立方米，林业总产值突破180亿元，从业人员达60万人，农民人均收入的31%、市财政收入的24%来自林业。河北省廊坊市文安县经过几年的快速发展，建成了全国最大的人造板生产基地，人造板生产企业达800多家，年销售收入达60亿元，税收占全县财政收入的1/3。河南省鄢陵县发展花卉苗木45万亩，年产值达20亿元，花农人均纯收入7000多元，为县财政收入做出重要贡献。

中央政府和地方政府应该制定林业产业政策，在林业产业发展的初级阶段利用财政杠杆和经济手段扶持林业产业的发展，之后，再逐渐退出市场，建立以市场为导向的林业产业发展模式，政府在宏观层面进行调控，而不介入微观层面。

经过林业产业的灰色关联度分析，中央和地方政府的财政投入对林业产业的关联度最大，说明林业产业的发展不能离开地方政府。由于林业经济的外部性，政府以财政投资对林业产业进行支持，但从长期的角度分析，政府应该逐渐退出林业产业的市场，尤其是在林业第一和第二产业的发展中，应该以市场为导向，应用市场经济杠杆对林业产业进行宏观调控。地方林业局行政部门(代表政府)在制定林业产业政策过程中还应该充当协调员的身份，向其他各个利益关系主体及时、快速、准确、全面地传达有价值的信息，包括组织编写生态资源指南，实施资源担保及人才培养。

(4)林业专业技术协会。20世纪80年代以来，国家级林业行业协会相继成立，如中国花卉协会、中国木材流通协会、中国林产品经销协会、中国林业产业协会等，但会员覆盖面小，掌握的信息少。目前，还没有一个将林业行业内的龙头企业、经营大户、批发市场和中介组织在内的综合信息网络。

7.2.2.3 次要社会性利益相关者

次要利益相关者，是通过社会性的活动与林业产业形成间接联系，他们对产业有间接影响，也不包括与人的联系。林业产业的发展依赖于林业资源，而林业资源的生产和保护依赖于全社会，包括林业保护者、国际组织和基金会、金融保险机构、社会公众、科研教育机构、新闻媒体机构和宗教团体等。从资金链而言，主要是金融机构、国际组织和社会公众。

(1)金融机构。林业产业的发展有赖于资金的投入，对于林农和林业企业而言，最直接的融资方式是金融机构。金融机构的直接利益是获取利息存贷利差。而由于林业生产尤其是木材的生产周期长、风险大，因而需要高额的贷款利息，但利息过高会加大贷款者的投资成本。因而目前在金融机构常见的业务是小额信贷业务和财政贴息贷款。

(2)国际组织。森林资源的培育和速生丰产林工程的实施，国际组织起到了重大作用。国际组织是林业经济功效发挥的次要利益相关者。通过国际组织的援助和相关项目的实施，使国际组织的到公众的认识和认同，同时吸引更多的资金，获取国际组织经营的良性循环是国际组织涉及林业产业获取的直接利益。

(3)社会公众。森林资源的保护和建设离不开社会公众的参与，社会公众本身具有自然保护意识，能够自觉参与保护自然生态系统及振兴区域经济的过程。并在此过程当中实现自我，做到自我回归。同时，森林资源取之于民也用之于民，森林旅游、森林采摘、森林科普教育、森林资源和生物多样性的科学研究等最直接的利益相关者就是社会公众。社会公众是林业第三产业产业链的延伸，增加了林业产业的附加值。2005 年平原林业第三产业产值 189.42 亿元，其中森林旅游业发展迅速，2005 年产值 48.98 亿元，占林业第三产业的 25.86%，提高 7.12 个百分点，森林旅游业的高速发展同时带动了林业产业和当地社会经济的发展。

7.2.3　基于平原地区林业经济利益相关主体的政策性框架

7.2.3.1　政策性目标

建立和完善平原地区产业政策的目标，具体是指发挥政府市场配置资源的基础性作用和国家宏观调控作用，逐渐建立起林木资源供给的产业基地，提供品种丰富的非林木资源。各地统筹管理、因地制宜，调整林业产业结构，发展平原地区林业的规模经济，建立多渠道有特色的林农兼种、农田林网的复合型经营模式，在保证生态可持续性和粮食安全的基础上，实现平原地区的林产品供给，最大限度地满足林产品的社会需求，充分发挥林业产业的协同效应，实现林业经济功能的帕累托效率，满足林产品的社会最大福利。

7.2.3.2　政策性原则

实现林业经济功效的政策性原则，应该遵循以下几点：

第一，坚持宏观指导的原则。以产业政策和产业发展规划为导向，综合运用法律、经济和行政手段，逐步缓解林产品的供给与需求、消费结构和产品结构之间的矛盾。尤其是林业产业的发展过程中，政府应该宏观指导，建立林业产业的市场经济模式和林业企业的现代经营制度。

第二，坚持生态优先的原则。物质产品是经济功能发挥的基础，森林资源是林业的物质基础，因而，充分发挥林业经济功效的，必须建立林业生态的可持续发展，从而更好地为林业产业经济的发展提供丰富的林业直接产出，即林业第一产业的物质产品，继而发展第二产业和第三产业。由第一产业充足的原料供给，才能带动第二产业和第三产业的发展。

第三，坚持经济性原则。林业经济属于循环经济，应该鼓励发展林业产业中的循环经济，提高资源的综合利用水平，实现产业链的增值。满足节约型和环保型的产业经济发展的同时，增加林业经济的产业附加值，实现林业经济效益最大化。

第四，坚持因地制宜，发挥地区优势的原则。建立和完善林业产业政策，需要因地制宜，发挥地区优势，即坚持产业规划布局的统一性，又发挥各地区比较优势，实现资源的合理有效配置。

第五，坚持国内外市场联结，发挥产业协同效应的原则。统筹国内外两种资源、两个市场，提高国际化经营水平的同时，充分发挥平原地区国内市场和国外市场的林业产业协同效应，充分考虑林业三产之间的关联性，在原料供给、生产加工、仓储销售和森林旅游等多个环节中，注意节点的联结，从而加长林业企业的产业链，实现高附加值的林产品国内供给市场和国外消费市场。

7.2.3.3　基于相关利益者的政策性框架

基于平原地区林业经济功效的相关利益者，包括林农、企业、政府、林业协会以及金融机构、国际组织和社会公众在内的相关利益者的分析，从不同的角度阐述了他们对林业的需求以及对林业的供给，因而政策制度的制定应该综合各种利益相关者的利益，才能实现社会福利最大化。基于平原地区林业经济功效的相关利益者的政策分析框架(图 7-3)，分述相关利益者的制定和完善政策的导向及具体内容：

(1)林农。林农作为政策制定的相关利益者，从其经营林产品领域的不同，分为非林木资源的经营者和林木资源的经营者。

非林木资源的经营模式上要稳定家庭经营承包制度。在“以参与作为得益的基础，以得益作为再参与的诱导”的机制下，形成“参与—得益—再参与—再得益”的机理，从而使林业生产活动处于循环反复，实现再生产的连续性。这在经济林、竹林、种苗、花卉和特种野生动物养殖等方面，效果尤为明显。

在林木资源的经营模式上，鼓励建立林业合作经济组织。林业合作经济组织是一种中介组织的有效形式。林业合作经济组织是农民自己的组织，作为农民的代理人，可提高农民的谈判地位，有利于保护农民的权益。林业企业通过该组织能有效地对分散农户的机会主义行为进行监督和制约，节约交易费用。

为促进林业合作经济组织的发展，政策性导向包括：①要着手制定有关法律、法规，明确林业合作经济组织的经济性质和法律地位，使其能以平等的市场主体身份参与市场竞争。②合作组织的主要职能是为农民服务，目前又处于发展的初始阶段，因而政府部门必须制定相应的扶持政策，促使其尽快发展。③必须按照合作社基本原则和“民办、民管、民受益”的原则，规范林业合作经济组织的建设。

建立林业合作经济组织的具体步骤包括：一是将合作组织从乡镇政府中独立出来，还其合作组织的独立性；二是制定促进社区性合作组织发展的政策；三是从法律方面明确社区性合作组织地位；四是在资金上给予社区性合作组织以支持；五是把合作组织纳入政府经济发展计划的实施机构，政府制定的林业生产结构调整方案、林产品收购计划、林业技术推广等服务项目，都可以依靠合作组织来实施。

(2)林业企业。从林业企业对林业产业的影响而言，政府应该大力发展林业龙头企业，尤其扶持林业产业关联度高的企业；扶持具有国际市场竞争力的大型企业；鼓励发展劳动密集型的中小型企业和非公有制林业企业。现阶段，发展林业龙头企业是林业产业化经营的关键。科斯指出，企业是对价格机制的替代。林业龙头企业的本质在于它是对单个农户各自独立面对市场时的交易行为的大量替代，可大大节约交易时间和交易费用，从而提高组织效率。

林业龙头企业的发展，其政策性导向包括：①强化行业管理，制订适合的林业产业政策和林业龙头企业发展规划，科学地确定林业龙头企业的资格条件，不论其所有制形式，只要符合条件，均可作为龙头企业，并从投资、信贷、税收和林地使用等方面加以扶持；②引导龙头企业按“风险共担，利益共沾”的原则，采取与农户建立稳定的产销关系、保护价收购制度、风险基金、二次返利机制及股份合作制等形式，与农户结成经济利益共同体。同时，依靠科技，提高产品的科技含量，实施绿色营销战略，提高产品的竞争能力。③鼓励工商企业、民营企业等进入林业领域，参与林业产业化经营，利用他们资金实力雄厚、市场营销能力强的优势，有效地带动农户进入市场。

在龙头企业的建立和发挥其经济作用时，政府应注意以下 3 点：一是政府要重视发挥龙头企业和农村林业合作经济组织的作用，在生态建设工程的实施过程中，允许其参与招投标，通过公开、平等、竞争、择优的方式承担重点工程建设任务，以此推动重点工程规模化实施，降低生态建设代价，提高生态建设成效。二是要引导龙头企业和林业合作经济组织依法编制商品林经营方案，按批准的经营方案进行采伐和更新造林，在采伐指标上应当进行放开试点，取得经验后再全面推行，从而推动龙头企业商品林基地建设和农村林业规模经营。三是在林业贷款贴息政策的执行上，要优先考虑龙头企业和林业合作经济组织的需要，既提高贷款的安全性，又增强贷款的针对性。

(3)林业专业技术协会。林业专业技术协会应该与农户、林农大户、企业集团、学会、科研大学机构结合起来，建立林业技术信息支撑体系，充分发挥林业技术协会的作用。

林业专业技术协会的发展整合，建立林业技术信息支撑体系的五个环节主要包括：一是专业协会与农户结合。以乡村经济、技术服务实体为依托，以林业专业技术人员、能工巧匠、“土专家”为骨干，在会员之间开展技术交流、信息传递、资金融通、统一销售等协作服务，引导林农发展区域性专业生产。二是协会与学会(研究会)结合。在各种专业学会、专业技术研究会的基础上合作形成，以林业技术交流、信息服务为主，加强学会、研究会的联合和协作，完善产前、产中、产后的全程服务。三是以集团承包的方式运作。所谓集团承包是以科技团体为主体，集中发展区域主导产业和骨干项目的技术承包，突出区域上的代表性、工作上的示范性、技术上的超前性，通过和当地行政力量结合，促进区域高产优质高效林业和林业产业化的发展。四是以股份合作制方式运作。所谓股份合作制方式，是引导林农把资金、林地、技术、劳动力等要素或要素的使用权入股，通过联合，使一家一户难以办成的事能够办成。五是专业大户与林农结合。鼓励林业专业大户，有一技之长的能人(专家)，包括一些经纪人，以自己的生产经营为基础，同时与当地林农结合起来，从事林产品的生产、加工、经营活动，不断把高新技术引进到生产项目中去。

(4)政府部门。政府部门应该积极建立平原地区的林业产业政策与制度，从不同的利益相关者的角度，建立相关制度，在众多制度中，重点要考虑林业的融资制度，建立多种渠道筹资制度，政府部门应该结合金融机构、国际组织和社会大众，充分运用经济杠杆和财政杠杆建立林业多渠道筹资制度，尤其是要将平原地区发展为在保障粮食安全的同时，建立木材资源的生产基地，就需要政府的积极引导，小出林业经济的负外部性，继而充分发挥市场的作用，通过循环经济，使林业经济功效最大化。

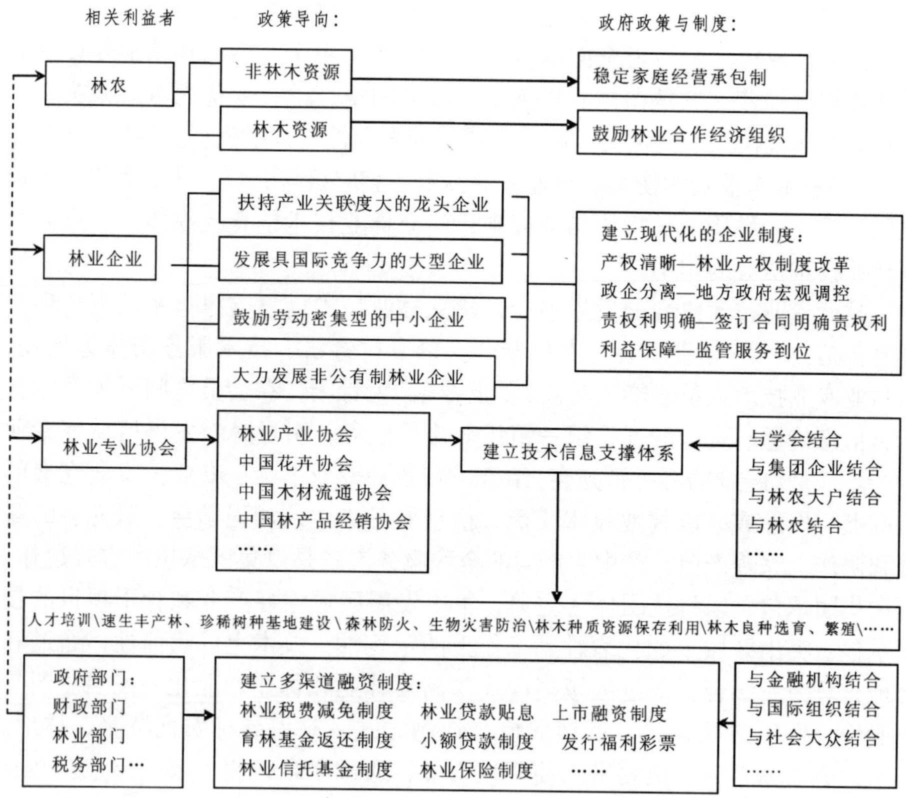

图 7-3　基于利益相关者的平原地区林业经济功效的政策性框架

Fig. 7-3　Policy frame of forestry economic function based on stakeholders in plain areas

7.3　小　结

本章主要研究两个方面的内容，即平原地区林业经济功效的区域分类经营，以及基于平原地区林业经济功效评价的利益相关者分析。前者主要运用SPSS统计工具，按照聚类分析方法的5个步骤，对平原地区调研的26个省（自治区、直辖市），选取15个指标，按照其林业经济功效进行聚类，聚类结果为6类，并按照6种类型制定主导产业的分类经营政策。基于平原地区林业经济功效评价的利益相关者分析，按照利益相关者理论，对利益相关者的概念进行界定，在此基础上，对利益相关者分为首要利益相关者和次要利益相关者。首要利益相关者包括林农、林业企业、林业专业技术协会和政府，次要利益相关者从平原地区林业资金链的角度分析其主要包括金融机构、国际组织和社会公众，此外次要利益相关者还包括教育机构、科研机构、媒体机构、环境组织等诸多利益相关者。本著作基于利益相关者的分类界定，制定了相关的政策，确立了政策目标，依据 5 个重要的相关政策性原则，最后初步设计了与平原地区林业经济功效有关的利益相关者的政策性框架。

8 研究结论与建议

8.1 研究结论

8.1.1 平原地区林业的经济功效

(1)平原地区林业带动了地方经济的快速发展，但在国民经济中所占份额较小。

平原地区林业产业的发展基本与全国水平相当。从2001～2005年，平原地区林业总产值增长了116.7%，比全国同期增长率106.8%高近10个百分点；2001～2005年，平原林业总产值呈现平稳增长趋势，平均增长速度为21.33%，其中，平原林业第二产业平均增长速度最快为26.02%，第一产业、第三产业平均增长速度分别为15.37%和17.66%；平原地区林业纯收入环比增长速度约为10.03%。

平原地区林业经济的快速发展，带动了平原地区的经济发展。平原地区林业产业与平原地区总产值的关联度为0.77496，平原地区林业产业的发展带动了平原地区经济的发展。说明林业产业对平原地区的经济贡献较大。

虽然平原地区林业经济快速发展，同时能带动平原地区经济的发展，但在国民经济中所占份额较低。2005年，平原地区林业总产值比2004年增加了20.11%，比全国同期水平22.7%低1.6%。同时，平原地区林业产值在平原生产总值中所占比重很小，仅2.41%，比全国同比率低2.21%。从人均环比增长速度来看，平原地区林业生产人均增长速度略低于平原林业生产环比增长速度。

(2)平原地区林业投入规模递增，其产业初具规模经济效应。

从资金、劳动力和土地投入三要素而言，平原地区林业的投入规模显著增加。相比2001年，2005年林地的投入增加了27.61%，在土地类型中是增幅最快，比增幅次之的园地面积增加了18.41%，说明林业的土地要素投入规模显著增加；从劳动力投入而言，2005年，林业从业人员近1亿人，比2001年增加了18.7%，由于林产品的收益显著高于农产品，因而林业吸收了部分农业从业人员，增加了林业劳动力的投入；从资金投入而言，平原地区林业资金量投入基本呈现大幅递增趋势。2001 ~2005 年，平原地区林业 5 年间共投入资金 725.2 亿元，平均增长速度为 47.70%。从投资来源总量分析，自 2001 ~2005 年，地方财政对平原林业共投入 225.94 亿元，占林业资金投入的 31.15%，年均增速为 21.32%；其他资金投入(部门投入、企业及个人投入、国家投入和自筹投入)499.2252 亿元，占比为 68.85%，年均增速为 72.09%。其中，地方财政、部门及国家和自筹投入是比较稳健的，企业和个人投资受市场的影响，其变动幅度是相当大的。自 2001 ~2005 年，平原林业的基本建设投资速度呈递增趋势，平均增长速度为 26.24%。

通过对平原地区林业规模经济的评价，研究认为平原地区林业产业初具规模，但其规模效益表现不明显。从平原林业投入产出环比增长趋势对比分析，平原地区林业经济功能接近于 2004 年才发挥了规模效益，其总产值大于总投入，但总产值高出总投入的部分逐渐呈下降趋势。从林业资金总投入的环比速度，可以看出其规模逐渐呈上升态势，而林业总产值的环比增长速度基本上保持不变，从而产生了平原地区林业资金边际效益递减的趋势。2004 ~2005 年，平原地区林业经济功能的发挥，使其林业呈现一定的规模经济，但由于趋势分析的时间较短，所以这种趋势效益很难进一步体现出来；从平原地区林业产业的集中度计算分析，2001 ~2005 年，林业产业集中度分别为 0.6124、0.6383、0.6222、0.6337 和 0.6269。5 年间，平均林业产业集中度为 0.6267，说明平原地区林业产业初具规模经济。从 5 年的趋势分析，平原地区林业产业的集中度变化不大，说明林业产业经济规模比较稳定，没有显著的变化。

(3)平原地区林业产业还处于初级阶段，三次产业结构发展不均衡。

总体而言，平原地区林业产业还处于初级阶段，属于弱质产业。从产业关联性分析，林业第一产业、第二产业和第三产业与林业总产值的相关度分别为：0.61470、0.62484、0.60757，说明平原地区林业三次产业对林业总产值具有相关性，但相关性不是很强，进一步说明三次产业对平原地区林业总产值的贡献水平不高，林业产业是弱质产业，本身发展水平还处于初级发展阶段。从平原地区林业产业结构的变动程度分析，三次产业结构发展不均衡。2001 ~2005 年，平原地区林业第二产业占林业总产值的比重从 51.62% 增加到 60.03%，K 值的变动幅度正向增加了 16.28%，而第一产业的比重从 41.91% 下降到 34.27%，下降幅度为 18.23%，第三产业的比重从 6.46% 下降到 5.69%，下降幅度为 11.81%。林业产值中一产、二产的比重相对突出，而三产虽然产值增加很快，2001～2005年，增加了91.1%，但在产业中的产值份额却很小。因此，平原地区林业内部三次产业结构存在明显的不均衡性。

平原地区林业的第一产业，即平原地区林业直接经济产出中，其产出结构明显向非木材资源倾斜。林业的直接产出表现为木材资源和非木材资源，木材资源主要包括原木、薪材和竹材；非林木资源主要包括果品、花卉、种苗、茶叶、蚕茧等。2001～2005年，平原林业直接产出的产值增长了79.61%。5年当中，原木产值的增长最快，达到90%以上，果品产值达到80%以上，薪材、种苗和花卉的产值约70%左右。2005年，在林业直接产出的总产值中，木材资源的总产值仅占3.55%，非木材资源占96.45%。因此，林业的直接经济产出严重倾向于非林木资源。

(4)平原地区林业产业的发展促进了农业发展和农民收入的提高。

分析发现，林业产业的发展能够带动农业的发展，促进农民增收。林业产业与农业产业具有关联性。林业总产值与农业总产值的关联系数为0.58872，说明林业的发展能够促进农业的发展。虽然林业产业能带动农业的发展，但这种关联性并不显著。

平原地区农田林网、农林间作等复合经营方式，对提高粮食产量和增加农民收入有积极作用。2005年平原地区有78.1%的基本农田已由农田林网庇护，农作物增产约4734万吨，农田防护林体系对平原地区粮食增产做出了重要的经济贡献；同时，林业产业的快速发展，提高了农民的收入水平。平原地区的农民人均纯收入明显高于全国农民人均纯收入，2005年平原区的农民人均纯收入达到3688元，华东地区和华北地区分别达到4137元和3817元。农林间作模式是平原地区农民增收的重要经营模式之一。以河南省为例，2001～2005年，全省林业总产值增加近60亿元，农民从林业产业中人均增收400元。农林复合经营为平原地区促进农业发展，调整农村产业结构，增加农民收入作出积极贡献。

8.1.2 平原地区区域林业经济功效

(1)平原地区林业经济功效区域差异较大。

区域层面来看，华东地区的综合经济实力最强，在7个省份中，有5个省份的排名在前九位；西北地区的综合经济实力最差，在调查的4个省份，即陕西、甘肃、宁夏和新疆，除了陕西第14名，新疆19名，甘肃和宁夏为最后两名。

省级层面来看，综合排名中山东省、江苏省、河南省位居前三，而天津市、甘肃省、宁夏回族自治区则排名靠后。考虑林业的基础条件，主要包括耕地、劳动力等资源对林业的投入，则山东省排名第一；考虑林业总投入产出的经济规模因素，则广东省排名第一；考虑林地对林业的投入和农民的林业收入，即经济效益指标，河南省排名第一。

(2)平原区域林业经济的发展存在显著的不均衡。

首先，从基础条件来看，华东地区具有明显的地区优势。除了华东地区土地面积在平原地区土地面积中占21.35%，其余指标华东地区占平原地区的比重都达到了30%，尤其是财政收入、区域生产总值、社会总产值华东地区占平原地区的比重达到了60%以上，而西北地区和西南地区明显发展落后，西北地区除了土地面积占平原地区的比重达到37.02%，其余基础条件指标中最高为人口比重，仅占平原地区总人口的6.18%；西南地区最高比重的指标为人口比重，该地区人口占平原地区人口的百分比为2.25%，该地区占平原地区的其他指标，其比重均低于2.25%，可见平原地区区域发展的经济不平衡是显著的。

从林业经济的投入要素来看，华东地区各项要素的投入比重最大，尤其是林业总投入和地方财政对林业的投入达到了平原地区总和的65%以上，而西北地区和西南地区投入要素的比重很小，西北地区投入要素中林地面积所占平原地区总和最大，仅7.96%，而西南地区投入要素的结构比重更低，最高指标为林地比重，也仅2.03%。

从林业的经济产出来看，同样华东地区的林业产出具有绝对优势，各项林业直接经济产出的比重均在30%以上，同时林业总产值的比重达到了61.94%。其次林业的经济产出发展较好的是中南地区和华东地区，当然由于气候条件，华东地区不适于竹材和茶叶的生长，因而这两项比重很低。总体而言，西南地区的林业经济产出具有绝对的劣势。在林业直接的经济产出中，除了主材比重占36.77%，其余最高比重是花卉比重，仅占6.46%。由此可见，在平原地区不同区域林业经济功效的发挥有着显著的差异，各区域林业经济发展极其不均衡。

其次，从规模经济的角度来看，林业产业的区域规模经济发展差异很大。华东地区林业产业集中度高，中南地区林业产业集聚程度中等，其余四个地区林业产业集聚程度低。2001～2005年，华东地区和中南地区林业产业平均集中度分别为0.7241和0.5060。尤其是华东地区其集中度接近于1，具有较好的规模经济，而其他区域林业产业不成规模。其他四个区域的林业产业平均集中度按照高低次序排列为华北、西南、东北、西北地区，其平均产业集中度分别为：0. 3300、0. 1887、0. 1694 和 0. 1652。

(3)平原地区区域林业经济的发展对农民收入的影响趋于一致。

从林地的投入和农民林业收入对当地的经济贡献分析，林业收益指标排序在地区间存在一定的均衡性。从其分值排序分析，第一名河南省，林业收益分值为 2. 56 分，最后一名山东省的林业收益分值为 -1. 44 分，26 个省(自治区、直辖市)的排序分值仅相差 4 分，与第一主成分、第二主成分的内部分值差异对比(参见第四章)，林地的投入和农民林业收入对当地的经济贡献在地区间存在显著的均衡性，即地区间林地的投入和农民林业收益在地区间是相对均衡，也就是说，由林地的投入，林业对地区农民收入的贡献趋于一致。

8. 2 建 议

8. 2. 1 建立平原地区林业利益相关者的林业产业政策框架

林业产业政策的目标应该综合平衡平原地区林业利益相关者，发挥平原地区林业经济功效最大化。研究将平原地区林业利益相关者分为首要社会性利益相关者和次要社会性利益相关者，其中首要社会性利益相关者主要是政府、企业、林农和林业技术协会，次要社会性利益相关者主要从林业产业资金链角度分为金融机构、国际组织和社会大众(具体框架参见第七章)。

林农作为政策制定的相关利益者，从其经营林产品领域的不同，分为非林木资源的经营者和林木资源的经营者。非林木资源的经营模式上要稳定家庭经营承包制度。在“以参与作为得益的基础，以得益作为再参与的诱导”的机制下，形成“参与—得益—再参与—再得益”的机理，从而使林业生产活动处于循环反复，实现再生产的连续性。这在经济林、竹林、种苗、花卉和特种野生动物养殖等方面，效果尤为明显；在林木资源的经营模式上，应该鼓励建立林业合作经济组织。

就林业企业对林业产业的影响而言，政府应该大力发展林业龙头企业，尤其扶持林业产业关联度高的企业，扶持具有国际市场竞争力的大型企业，鼓励发展劳动密集型的中小型企业和非公有制林业企业。现阶段，发展林业龙头企业是林业产业化经营的关键。林业龙头企业的本质在于它是对单个农户各自独立面对市场时的交易行为的大量替代，可大大节约交易时间和交易费用，从而提高组织效率。

林业专业技术协会应该与农户、林农大户、企业集团、学会、科研机构结合起来，充分发挥林业技术协会的作用，建立林业技术信息支撑体系。

政府部门应该积极建立平原地区的林业产业政策与制度，从不同的利益相关者的角度，建立相关制度。重点要考虑林业的融资制度，建立多种渠道筹资制度，政府部门应该结合金融机构、国际组织和社会大众，充分运用经济杠杆和财政杠杆建立林业多渠道筹资制度，尤其是要将平原地区发展为在保障粮食安全的同时，建立木材资源的生产基地，就需要政府的积极引导，消除林业经济的负外部性，继而充分发挥市场的作用，通过循环经济，使林业经济功效最大化。

8.2.2 以主导产业带动平原地区林业的发展，确立林业第二产业为主导产业

从长远来看，主导产业的确立对于平原地区林业产业的发展是极其重要的，平原地区林业第二产业可以确立为林业产业发展的主导产业。原因有三：就相关度而言，可以将相关度最高的林业第二产业作为未来发展的主导产业，即林业加工制造业。其次，从林业投入角度而言，林业第二产业产值与林业总投入的相关度最大，说明林业总投入对林业第二产业产值的拉动作用是最强的；从世界林业发达国家的经验而言，林业第二产业(工业)产出多数达到70%以上，有的甚至占到了林业总产出的90%以上。与之相比，我国林产工业的发展远远落后于林业发达国家。综上所述，从未来的发展而言，应该将林业第二产业作为平原地区林业发展的主导产业，从而带动平原林业经济的增长。

8.2.3 以比较优势产业带动平原地区区域林业经济的发展

建立平原区域林业的比较优势产业，有利于发挥平原地区的林业经济功效。从平原地区的林业三次产业结构的区位商来看，应该建立以林业第一产业为比较优势的区域群，即华东地区和西北地区；建立以林业第二产业为优势产业的区域群，即西南地区、中南地区和华东地区；建立以林业第三产业为优势产业的区域群，即西南地区和华东地区。

在平原的六大区域中，林业应该作为华东地区的重要产业，在该区域林业三次产业应该全面发展，从而带动该区域的经济发展；在西北地区应该建立以林业第一产业为优势产业的林业产业政策；在西南和中南地区，应该以林业第二产业作为优势产业，重点建立以竹材为基础的原料及加工到服务的大型集团企业群；将林业第三产业作为西南地区的优势产业，尤其是旅游业

的发展。通过区域的比较产业的发展，充分体现林业的规模经济功能，增加其规模效益，从而带动平原地区林业的整体发展。

8.2.4 建立平原地区林业经济分区，制定分区经营指导政策

根据综合评价结果以及平原地区省份的地理位置，进一步将平原地区分为6类林业经济区域，其中第1类地区又细分为两类，即区域1包括山东省和江苏省，区域2则是上海市、浙江省和广东省(具体参见第七章)。据此分区，确立林业经济区域的分类经营产业：

(1)逐步形成以东部沿海地区和南部地区为主导的用材林产业带，以东北部地区、西北地区和东部沿海地区为主导的重点干鲜果品经济林产业带，以南部地区竹资源集中分布区为依托的竹产业带。

(2)以江苏省、山东省、上海市、浙江省、广东省为第1类区域的地区建设以口岸进口原料为依托，以精深加工为重点，以国内和国际市场为导向的林产品加工集群。尤其是在江苏省和山东省(区域1)扶持林业第二产业林业龙头企业，发挥林产业的规模效益。同时在该地区应该建立用材林产业带，同时蚕茧的生产存在比较优势，可以作为非林木资源的主导产业。

(3)以北京市、天津市、山西省、内蒙古自治区、辽宁省为第2类区域和以河北省、安徽省、河南省为第4类区域应建立果品和花卉产业为主的主导产业。

(4)以吉林省、黑龙江省、新疆维吾尔自治区为第3类区域主要建立原木生产基地，以原木产业为该区域的主导产业。

(5)以湖北省、湖南省、四川省、广西壮族自治区、海南省、福建省、江西省为第5类区域应主要建立竹材基地，同时发展种苗和花卉非林木资源为主导产业。

(6)以甘肃省、宁夏回族自治区、陕西省为第6类区域应建立和发展原木、薪材主导产业，扶持果品产业作为非林木资源的主导产业。

8.2.5 林业产业及其三次产业的发展应加大财政支持力度

短期而言，应该增加财政对林业的投入规模。从林业投入结构对林业总产值的关联情况来看，两类资金投入与林业总产值的关联性最强，即地方财政投入和其他投入，其中，其他投入包括国家投入资金和自筹资金，国家投入资金主要是以财政资金投入。这两类投资渠道对林业总产值的关联系数分别为0.98和0.9，可见，财政投入对林业总产值的拉动效应是很强的，为了

发展林业产业，则应该加大财政支持力度。

这里需要确定政府在林业经济中的职能，即政府作为公共部门应该应用公共政策宏观调节经济的运行，其职能限于调控经济失灵的部分，这符合对目前林业产业的扶持。由于天然林保护工程的实施，禁伐和限伐政策的实施，导致林业企业的木材原料短缺，大批林业企业的倒闭，对林业产业造成重大影响。从经济学分析，则是政府对市场进行了干预，导致市场失灵，产生了林业产业的经济外部性。为了弥补这种经济外部性，达到社会福利最大化，形成帕累托效率，政府必须进一步的对林业经济进行宏观调控，在林业产业发展的初级阶段，木材资源极其短缺的情况下，可以直接采取财政投入的方式进行产业扶持，随着林业产业的进一步发展，制定和完善林业产业政策，运用税收减免、贴息等财政手段来调控林业经济的发展，扶持林业产业。从长远来看，应该使林业产业逐步过渡为市场化的运作模式，同时逐渐消除林业经济外部性，达到帕累托效率。

附　录

表1　内蒙古自治区林业产业政策调查

Chart1：Industry Policy Investigation of Forestry in Inner Mongolian Autonomous Region

内蒙古自治区(总计20个县(市、区、旗)

县(市、区、旗)	地方性法规(包括部门规章)				备注
	序号	文号	全称	状态	
开鲁县	1	开发(1990)22号	开关于加快平原绿化县全面达标的决定	废止	
	2	第2号	开鲁县人民政府关于实行禁垦禁牧的公告	废止	
	3	第1号	开鲁县人民政府县长令《开鲁县禁垦禁牧管理办法》	使用	
突泉县	1	兴林种发〔96〕2号	关于加强造林苗木管理工作暂行规定	使用	
	2	突政发〔97〕29号	《突泉县人民政府关于加强“五荒”拍卖管理的几项规定》	使用	
	3	内林函办字〔98〕213号	森林植物检疫技术规程	使用	
	4	突政发〔2001〕22号	突泉县实施《内蒙古自治区草畜平稳暂行规定细则》	使用	
	5	突政发〔2001〕23号	突泉县人民政府关于在全县实行草场禁牧的实施意见	使用	
	6	突政发〔2001〕42号	突泉县人民政府关于做好退耕还林还草工作的意见	使用	
	7	突林发〔2002〕10号	《关于规范林政管理制定，制止乱收费减轻农民负担规定》	使用	
	8	兴林局〔2005〕183号	内蒙古自治区公益林暂行办法	使用	
	9	突政办字〔2006〕11号	突泉县人民政府关于发展退耕地后续产业的通知	使用	
五原县	1	五政发(2001)1号	五原县人民政府关于实行禁牧的命令	使用	
	2	五政发(2004)28号	五原县人民政府禁牧通告	使用	
	3	五党发(2004)34号	关于印发《中共五原县委、五原县人民政府关于加快林业发展的决定》的通知	使用	
	4	五党办发(2006)47号	关于印发《关于开展全民义务植树及筹集绿化资金的意见》的通知	使用	
临河区	1		禁牧令	使用	2000年
	2		禁牧试行条例	使用	2004年

（续）

县（市、区、旗）	地方性法规（包括部门规章）				备注
	序号	文号	全称	状态	
杭锦后旗	1	内蒙古林业局、物价局、财政厅(1993)127号	《内蒙古自治区关于占用、征用林地收费标准和管理使用的规定》	使用	
	2	巴盟林业处(1989)8号	《关于转发内蒙古自治区林业局等到单位“关于实行〈猎物产品运输证〉、〈狩猎证〉〈狩猎检查证〉制度的通知”的通知》	使用	
	3		内蒙古自治区林业行政执法监督方法	使用	
	4	杭政(2006)	杭锦后旗禁牧护林管理办法	使用	
	5	内蒙古自治区第十届人民代表大会常务委员会公告第17号	内蒙古自治区实施《中华人民共和国防沙治沙法》办法	使用	2004.7.31
	6	内蒙古自治区第九届人民代表大会常务委员会公告第44号	内蒙古自治区实施《中华人民共和国森林法》办法	使用	200.8.6
	7	内蒙古自治区第九届人民代表大会常务委员会公告第53号	内蒙古自治区珍稀林木保护条例	使用	2002.12.1
赤峰市松山区	1		农防林采伐更新管理的规定	使用	1994年
林西县	1	林造发〔2004〕3号	国家林业局关于大力开展村屯植树和农田防护林建设的通知	短期	
	2	林党发〔2006〕16号	中共林西县委员会林西县人民政府关于开展全民义务植树活动的实施意见	短期	
	3	林政办发〔2000〕90号	关于对封山限牧和五荒拍卖工作进行调查的通知	短期	
	4	林政发〔2000〕41号	林西县人民政府关于落实林西县第十三届人民代表大会第二次会议《关于实施封山限牧，加快我县生态建设步伐的决议》的实施意见	短期	
宁城县	1	宁党发[2001]37号	关于加快生态建设步伐的决定		
	2	宁政发[2005]24号	关于加快发展非公有制林业的决定		
	3	宁党发[2007]17号	关于加强林业工作促进现代林业建设的决定		
包头市九原区	1	包九原党发[2000]7号	《中共包头市九原区委员会、九原区政府〈关于加强生态环境建设的意见〉》	使用	
	2	包九原府发[2000]17号	《包头市九原区人民政府〈包头市九原区“四荒”使用权承包、租赁、拍卖办法〉的通知》	使用	

（续）

县（市、区、旗）	地方性法规（包括部门规章）				备注
	序号	文号	全称	状态	
包头市九原区	3	包九原府发[2001]18 号	《包头市九原区人民政府关于颁布实施〈包头市九原区禁牧的暂行规定〉的通知》	使用	
兴和县		兴政发（2002）31 号	关于印发《兴和县二〇〇二年退耕还林工程实施细则》和《兴和县二〇〇二年京津风沙源治理工程项目管理实施细则》的通知		

表 2 指标间的相关度分析

Chart 2 correlation analysis between indexes

Pearson Correlation	土地总面积（公顷）	耕地总面积（公顷）	林地总面积（公顷）	县总人口（人）	国内生产总值（万元）	第一产业产值（万元）	第二产业产值（万元）
林业总投入（万元）	-0.01093	0.211455	0.028811	0.355987	0.289511	0.18299	0.329039
县总人口（人）	0.00144	0.578124	0.179347	1	0.457106	0.650111	0.431896
第二产业产值（万元）	-0.05226	0.104493	-0.07613	0.431896	0.961519	0.296784	1
县财政收入（万元）	-0.0407	-0.04956	-0.09698	0.232832	0.759899	0.072403	0.811394
农民林业年纯收入（万元）	-0.00731	0.291132	0.081668	0.344278	0.148126	0.374886	0.152198
国内生产总值（万元）	-0.03841	0.114947	-0.00112	0.457106	1	0.361281	0.961519
农业总产值（万元）	0.02106	0.512401	0.130426	0.704457	0.492123	0.580113	0.473555
耕地总面积（公顷）	0.183773	1	0.375288	0.578124	0.114947	0.481002	0.104493
林业第一产业产值（万元）	-0.03237	0.279129	0.155453	0.525233	0.319589	0.4771	0.299993
林业第三产业产值（万元）	-0.01665	0.098802	0.04405	0.240532	0.28329	0.152419	0.316962
第三产业产值（万元）	-0.02194	0.006635	0.064888	0.314834	0.927449	0.185795	0.809427
第一产业产值（万元）	0.00878	0.481002	0.115059	0.650111	0.361281	1	0.296784
农业从业人口（人）	-0.02912	0.462918	0.038917	0.557366	0.121657	0.524147	0.104331
林业总产值（万元）	-0.0297	0.035867	-0.00257	0.264207	0.569733	0.190645	0.602004
林业第二产业产值（万元）	-0.02448	0.001772	-0.04829	0.201834	0.52359	0.121543	0.556213
林业从业人口（人）	-0.01828	0.198812	0.030321	0.313199	0.085585	0.2697	0.097049
木材产值（万元）	0.002508	0.122231	0.048514	0.100739	0.051926	0.114665	0.03912
林地总面积（公顷）	0.141542	0.375288	1	0.179347	-0.00112	0.115059	-0.07613
非木材产值（万元）	-0.0159	-0.01917	-0.03431	0.071974	0.005976	0.01741	0.01527
活立木蓄积（立方米）	0.090861	0.171507	0.292882	0.098516	-0.02227	0.065011	-0.03526
农民人均纯收入（元）	-0.00714	0.009538	0.187739	0.024179	-0.01449	-0.00348	-0.01683
农林间作（公顷）	-0.00642	0.036682	-0.0242	0.098597	0.04343	0.115206	0.037719
土地总面积（公顷）	1	0.183773	0.141542	0.00144	-0.03841	0.00878	-0.05226
农田林网（公顷）	-0.00499	0.010173	0.079611	-0.01144	-0.03829	-0.03966	-0.03552
绿色通道折合面积（公顷）	0.056521	-0.00476	0.049943	-0.02325	-0.05058	-0.05257	-0.04662

（续）

Pearson Correlation	第三产业产值（万元）	农业总产值（万元）	县财政收入（万元）	农民人均纯收入（元）	农田林网（公顷）	农林间作（公顷）	绿色通道折合面积（公顷）	活立木蓄积（立方米）
林业总投入（万元）	0. 185745	0. 272632	0. 323984	-0. 00202	-0. 01456	-0. 01082	-0. 0216	0. 002018
县总人口（人）	0. 314834	0. 704457	0. 232832	0. 024179	-0. 01144	0. 098597	-0. 02325	0. 098516
第二产业产值（万元）	0. 809427	0. 473555	0. 811394	-0. 01683	-0. 03552	0. 037719	-0. 04662	-0. 03526
县财政收入（万元）	0. 652921	0. 209117	1	-0. 01865	-0. 02203	0. 006105	-0. 03052	-0. 03339
农民林业年纯收入（万元）	0. 044552	0. 373121	0. 055999	-0. 01545	-0. 02033	0. 14544	-0. 01302	0. 070534
国内生产总值（万元）	0. 927449	0. 492123	0. 759899	-0. 01449	-0. 03829	0. 04343	-0. 05058	-0. 02227
农业总产值（万元）	0. 35751	1	0. 209117	-0. 01887	-0. 04463	0. 133904	-0. 0521	0. 099812
耕地总面积（公顷）	0. 006635	0. 512401	-0. 04956	0. 009538	0. 010173	0. 036682	-0. 00476	0. 171507
林业第一产业产值（万元）	0. 216946	0. 512046	0. 162693	-0. 04242	-0. 04468	0. 111958	-0. 0394	0. 100675
林业第三产业产值（万元）	0. 194218	0. 13373	0. 33279	0. 02025	0. 01914	0. 07361	0. 0225	8. 73E 05
第三产业产值（万元）	1	0. 35751	0. 652921	-0. 01024	-0. 03081	0. 020981	-0. 04103	-0. 02115
第一产业产值（万元）	0. 185795	0. 580113	0. 072403	-0. 00348	-0. 03966	0. 115206	-0. 05257	0. 065011
农业从业人口（人）	0. 011288	0. 466895	-0. 05329	-0. 02919	-0. 03768	0. 048856	-0. 05025	0. 014418
林业总产值（万元）	0. 463907	0. 612733	0. 404853	-0. 02215	-0. 02582	0. 037465	-0. 02675	0. 005768
林业第二产业产值（万元）	0. 43498	0. 583282	0. 371779	-0. 01448	-0. 01638	0. 010537	-0. 02072	-0. 00853
林业从业人口（人）	0. 002053	0. 271175	-0. 00822	0. 003392	-0. 02007	0. 071912	-0. 02416	0. 055163
木材产值（万元）	0. 038253	0. 080027	-0. 01707	-0. 00531	-0. 00517	-0. 00724	0. 007148	0. 013648
林地总面积（公顷）	0. 064888	0. 130426	-0. 09698	0. 187739	0. 079611	-0. 0242	0. 049943	0. 292882

（续）

Pearson Correlation	第三产业产值（万元）	农业总产值（万元）	县财政收入（万元）	农民人均纯收入（元）	农田林网（公顷）	农林间作（公顷）	绿色通道折合面积（公顷）	活立木蓄积（立方米）
非木材产值（万元）	-0.01014	0.009592	-0.00588	-0.00905	-0.00629	-0.00311	-0.01172	-0.00963
活立木蓄积（立方米）	-0.02115	0.099812	-0.03339	-0.01008	-0.00606	-0.00184	-0.01229	1
农民人均纯收入（元）	-0.01024	-0.01887	-0.01865	1	0.026405	0.001504	-0.00746	-0.01008
农林间作（公顷）	0.020981	0.133904	0.006105	0.001504	-0.00591	1	-0.00591	-0.00184
土地总面积（公顷）	-0.02194	0.02106	-0.0407	-0.00714	-0.00499	-0.00642	0.056521	0.090861
农田林网（公顷）	-0.03081	-0.04463	-0.02203	0.026405	1	-0.00591	0.926742	-0.00606
绿色通道折合面积（公顷）	-0.04103	-0.0521	-0.03052	-0.00746	0.926742	-0.00591	1	-0.01229

Pearson CorreLation	林业总产值（万元）	林业第一产业产值（万元）	林业第二产业产值（万元）	林业第三产业产值（万元）	农民林业年纯收入（万元）	农业从业人口（人）	林业从业人口（人）	木材产值（万元）	非木材产值（万元）	林业总投入（万元）
林业总投（万元）	0.143399	0.191472	0.115022	0.190787	0.303433	0.153146	0.100327	0.035675	0.0066	1
县总人口（人）	0.264207	0.525233	0.201834	0.240532	0.344278	0.557366	0.313199	0.100739	0.071974	0.355987
第二产业产值（万元）	0.602004	0.299993	0.556213	0.316962	0.152198	0.104331	0.097049	0.03912	0.01527	0.329039
县财政收入（万元）	0.404853	0.162693	0.371779	0.33279	0.055999	-0.05329	-0.00822	-0.01707	-0.00588	0.323984
农民林业年纯收入（万元）	0.172858	0.502097	0.126198	0.178211	1	0.438134	0.44152	0.024558	-0.01792	0.303433
国内生产总值（万元）	0.569733	0.319589	0.52359	0.28329	0.148126	0.121657	0.085585	0.051926	0.005976	0.289511
农业总产值（万元）	0.612733	0.512046	0.583282	0.13373	0.373121	0.466895	0.271175	0.080027	0.009592	0.272632
耕地总面积（公顷）	0.035867	0.279129	0.001772	0.098802	0.291132	0.462918	0.198812	0.122231	-0.01917	0.211455
林业第一产业产（万元）	0.452009	1	0.265243	0.412268	0.502097	0.41961	0.386583	0.133432	0.000143	0.191472

（续）

Pearson CorreLation	林业总产值（万元）	林业第一产业产值（万元）	林业第二产业产值（万元）	林业第三产业产值（万元）	农民林业年纯收入（万元）	农业从业人口（人）	林业从业人口（人）	木材产值（万元）	非木材产值（万元）	林业总投入（万元）
林业第三产业产值（万元）	0.286026	0.412268	0.18403	1	0.178211	0.11178	0.060688	0.239209	0.013406	0.190787
第三产业产值（万元）	0.463907	0.216946	0.43498	0.194218	0.044552	0.011288	0.002053	0.038253	-0.01014	0.185745
第一产业产值（万元）	0.190645	0.4771	0.121543	0.152419	0.374886	0.524147	0.2697	0.114665	0.01741	0.18299
农业从业人口（人）	0.067727	0.41961	0.022232	0.11178	0.438134	1	0.584473	-0.00795	0.23359	0.153146
林业总产值（万元）	1	0.452009	0.976237	0.286026	0.172858	0.067727	0.079673	0.079465	-0.00455	0.143399
林业第二产业产值（万元）	0.976237	0.265243	1	0.18403	0.126198	0.022232	0.01941	0.038159	-0.00635	0.115022
林业从业人口（人）	0.079673	0.386583	0.01941	0.060688	0.44152	0.584473	1	0.003487	0.255787	0.100327
木材产值（万元）	0.079465	0.133432	0.038159	0.239209	0.024558	-0.00795	0.003487	1	0.004056	0.035675
林地总面积（公顷）	-0.00257	0.155453	-0.04829	0.04405	0.081668	0.038917	0.030321	0.048514	-0.03431	0.028811
非木材产值（万元）	-0.00455	0.000143	-0.00635	0.013406	-0.01792	0.23359	0.255787	0.004056	1	0.0066
活立木蓄积（立方米）	0.005768	0.100675	-0.00853	8.73E-05	0.070534	0.014418	0.055163	0.013648	-0.00963	0.002018
农民人均纯收入（元）	-0.02215	-0.04242	-0.01448	-0.02025	-0.01545	-0.02919	0.003392	-0.00531	-0.00905	-0.00202
农林间作（公顷）	0.037465	0.111958	0.010537	0.07361	0.14544	0.048856	0.071912	-0.00724	-0.00311	-0.01082
土地总面积（公顷）	-0.0297	-0.03237	-0.02448	-0.01665	-0.00731	-0.02912	-0.01828	0.002508	-0.0159	-0.01093
农田林网（公顷）	-0.02582	-0.04468	-0.01638	-0.01914	-0.02033	-0.03768	-0.02007	-0.00517	-0.00629	-0.01456
绿色通道折合面积（公顷）	-0.02675	-0.0394	-0.02072	-0.0225	-0.01302	-0.05025	-0.02416	0.007148	-0.01172	-0.0216

参考文献

[1]宋维明，印中华．关于中国林业产业规模化发展的若干思考——基于规模经济贸易理论的研究[J]．农业经济问题，2009(1)：70～74.

[2]罗斯托．从起飞进入维持增长的经济学[M]．成都：四川人民出版社，1988.

[3]王满．林业产业发展现状及思考[J]．林业经济，2009(3)：3～5.

[4]Gopal K Kadekodi，Madhumita Mishra. Economics and Mountain Biodiversity [J]. A Brief Bibliographical Survey，2003：1～8.

[5]Mohan Munasinghe，Jeffrey McNeely. Protected Area Economics and Policy. The International Bank for Reconstruction and Development. The World Bank，1994：7～9.

[6]Franz W. Gatzweiler. Institutionalising Biodiversity Conservation—The Case of Ethiopian Coffee Forests [J]. Conservation and Society，2005，3(1)：201～223.

[7]Anssi Niskanen，Johanna Vayrynen. Economic EFI Proceedings，2001，36：215～226.

[8]A L Hammett，J L Chhamberlain. Sustair Products：Alternative Forest－based Income Oppor[J]. Resources Income Opportunities on Private 1998，Hagerstown，Maryland，141～147.

[9]E Marshall，A C Newton，K Schrekenberg. Coproducts：first steps in analysing the factors influ[J]. Review，2003，5(2)：134～136.

[10]UNDP Programme on Forests. Financial Mechanise [R]. Report，1999：8～18.

[11]耿玉德，袁亚东，蒋敏元．林业产业化几个问题的理性思考[J]．中国林业企业，2001(03)：3～5.

[12]凭栏．我国木制品产业发展趋势评析[J]．中国林业产业，2005(11)：57～58.

[13]Markku Simula. Trade and Environmental Issues in forest Production. Environment Division Working Paper，April 1999：31.

[14] Sten Nilsson. Experiences of PolicyReforms of the Forest Sector in Transition and Other Countries with Implications for the Chinese Forest Sector. International Forum on Chinese.

[15] Forestry Policy: Developing a Policy Research[J]. Agenda to Meet Existing and Future Challenges, Beijing, China, 13 – 14th June 2002: 22

[16] 宋志伟，支玲，罗明灿. 新平县退耕还林工程社会经济效益评价[J]. 中国林业经济，2009(2): 29 ~ 40.

[17] 刘定祥. 退耕还林还牧系统模型研究[J]. 林业经济问题，2004，24(3): 139 ~ 152.

[18] 吴潇潇. 林业税费：制度、影响、趋势[D]. 南京：南京林业大学，2004.

[19] 徐怡红. 我国林业税费改革研究[D]. 哈尔滨：东北林业大学，2002.

[20] 樊文斌，张建成，张文瑞. 现代西方林业经济理论流派、特征及其启示[J]. 内蒙古农业大学学报，2007(2): 120 ~ 122.

[21] 刘家顺. 中国林业产业政策研究[D]. 哈尔滨：东北林业大学，2006.

[22] 田明华. 中国森林资源投入产出及纳入市场运作体系的研究[D]. 北京：北京林业大学，2002.

[23] 石广义. 中国西部林业生态经济发展模式与研究对策 [D]. 北京：北京林业大学，2005.

[24] 赵春飞，刘俊昌. 城市林业经济效益评价指标初探[J]. 林业经济，2007(12): 64 ~ 66.

[25] 张玉，邵崇斌. 城市林业效益评价指标体系与模型的研究[J]. 西北林学院学报，2005，20(3): 14 ~ 17.

[26] 李高阳. 河南省林业生态效益评估[J]. 安徽农业科学，2008，36(2): 541 ~ 542.

[27] 宁哲，孙恒. 林业生态效益的计量与实现[J]. 东北林业大学学报，2000(02): 55 ~ 56.

[28] 杨云. 福建省林业产业结构研究[D]. 福建：福建农林大学，2005.

[29] 张智光. 江苏省林业产业结构调整的战略体系研究[J]. 林业科学，2004(9): 197 ~ 204.

[30] 高淑媛. 北京区域林业经济发挥影响因素的量化分析研究[D]. 北京：北京林业大学，2006.

[31] 张华. 我国林业区域非均衡发展的可持续性研究[D]. 北京：北京林业大

学，2007.
[32]金锡洙，张坤．中国投资环境与林业经济区域初步分析[J]．林业经济，2001(01)：35～39.
[33]苏为华．多指标综合评价理论与方法问题研究[D]．厦门：厦门大学，2000.
[34]顾海军．公共项目经济评价问题研究[D]．南京：河海大学，2006.
[35]尹满萍．环境影响评价对象理论研究[D]．杨凌：西北农林科技大学，2008.
[36]曹建华．林业投资项目环境影响价值评价研究[D]．北京：中国农业大学，2003.
[37]鲁敏．林业投资项目总和效益评价模型研究[D]．北京：北京林业大学，2007.
[38]盛明泉．社会工程财务研究[D]．天津：天津财经学院，2004.
[39]崔海星．退耕还林工程社会影响评价理论及实证研究[D]．北京：北京林业大学，2007.
[40]田明华．中国森林资源投入产出及纳入市场运作体系的研究[D]．北京：北京林业大学，2002.
[41]张美华．中国林业管理体制研究[D]．重庆：西南农业大学，2002.
[42]刘勇．中国林业生态工程后评价理论与应用研究[D]．北京：北京林业大学，2006.
[43]张蕾．中国林业分类经营改革研究[D]．北京：北京林业大学，2007.
[44]吴今．我国林业重点工程投融资及资金管理研究[D]．北京：北京林业大学，2006.
[45]王心同．中国林业发展的经济政策研究[D]．北京：北京林业大学，2008.
[46]薛艳．我国林业投融资问题研究[D]．哈尔滨：东北林业大学，2006.
[47]颜颖．中国林业生态工程项目风险管理研究[D]．北京：北京林业大学，2008.
[48]伦丽珍．林业现代化的经济评价指标体系研究[D]．福州：福建农林大学，2005.
[49]李会芳．森林资源评价研究[D]．北京：北京林业大学，2005.
[50]刘延春．生态效益林业理论及其在吉林省的应用研究[D]．哈尔滨：东北林业大学，2005.

[51]赵丽霞. 我国环境影响评价制度研究[D]. 哈尔滨: 东北林业大学, 2005.

[52]梅莹. 安徽发展林业产业经济的研究[J]. 安徽农业科学, 2006, 34(12): 2715~2717.

[53]熊鹰. 湖南省生态安全总和评价研究[D]. 长沙: 湖南大学, 2008.

[54]周上游. 农业生态安全与评估体系研究[D]. 长沙: 湖南农业大学, 2004.

[55]周旬. 区域经济发展的综合利用研究理论[D]. 沈阳: 东北师范大学, 2007.

[56]王耕, 王利, 吴伟. 区域生态安全概念及评价体系的再认识[J]. 生态学报, 2007(04): 1627~1637.

[57]吕光辉. 中国西部干旱区生态安全评价、预警与调控研究——以新疆地区为例[D]. 乌鲁木齐: 新疆大学, 2005.

[58]苏为华. 多指标综合评价理论与方法问题研究[D]. 厦门: 厦门大学, 2000.

[59]侯满平. 黄淮海平原农业结构调整及农业发展战略研究[D]. 北京: 中国农业大学, 2004.

[60]代保清, 金亚荣, 马栎. 辽西封育区生态林业的总体规划及经济效益的模糊评价[J]. 辽宁林业科技, 1996(04): 31~34.

[61]刘金龙, 肖斌. 民权县农区林业综合效益评价[J]. 林业科学研究, 1999, 12(2): 165~171.

[62]谢晨, 何群, 钟懋功. 农用林业生态经济效益计量模型[J]. 生态经济, 1994(02): 35~40.

[63]王新生, 冯涛, 倪民, 郭复明. 涡阳县平原林业生态效益浅析[J]. 安徽林业科技, 2006(E1): 72~73.

[64]蒋晓丽. 河北省沽源县退耕还林工程经济影响评价研究[D]. 北京: 北京林业大学, 2006.

[65]赵丽娟. 河北省平泉县退耕还林后续产业发展的经济影响分析[D]. 北京: 北京林业大学, 2008.

[66]郭磊. 京津风沙治理工程综合效益评价——以正蓝旗为例[D]. 北京: 北京林业大学, 2006.

[67]郎奎建, 李长胜, 殷有, 郎璞玫, 王维芳, 刘鹏, 刘刚. 林业生态工程10种森林生态效益计量理论和方法[J]. 东北林业大学学报, 2000(01):

1～7.
[68]万志芳，蒋敏元．林业生态工程生态效益经济计量的理论和方法研究[J]．林业经济，2001(11)：24～27.
[69]郭欢欢．洛阳市退耕还林社会经济效益评价[D]．郑州：河南农业大学，2008.
[70]褚卫东．三北防护林体系建设生态经济效益探讨[J]．林业资源管理，2005(03)：25～28.
[71]李冰．川江防护林体系综合经济效益研究[J]．西北林学院学报，2006，21(5)：52～59.
[72]朱喜安，于荣．经济效益与生态效益的相互关系及其量化分析[J]．现代财经，2008(12)：51～55.
[73]张小红，杨志峰，毛显强，何孟常，鱼京善．广州市公益林生态效益价值分析及管理对策[J]．林业科学，2004(04)：22～26.
[74]张晓珊，巫启新，刘延惠．贵州省长防林体系生态经济效益计量与评价[J]．贵州林业科技，2001(04)：36～40.
[75]毕绪岱，杨永辉，许振华，等．河北省森林生态经济效益研究[J]．河北林业科技，1998(01)：1～5.
[76]李立伟，张永民，郭芳．河南农田林网生态效益价值评估[J]．林业资源管理，2005(05)：38～50.
[77]梁延海，赵雪岭，张萍，王立中．黑龙江大兴安岭森林主要生态效益初步评价[J]．中国林副特产，2004(04)：46.
[78]曹建华，杨秋林，王红英．两种评价森林资源生态环境效益计量方法的比较[J]．农村生态环境，2002，18(2)：58～61.
[79]王振．生态公益林补偿机制研究——以中国林科院亚林中心大岗山自然保护区为例[D]．北京：中国林业科学研究院，2004.
[80]宫伟光，向开馥，王明忠，于桂芝．防护林体系区域性生态效益的评价[J]．东北林业大学学报，1997(01)：4～7.
[81]李卫忠，公益林效益评价指标体系与评价方法的研究[D]．北京：北京林业大学，2003.
[82]米锋，李吉跃，杨家伟．森林生态效益评价的研究进展[J]．北京林业大学学报，2003(06)：77～83.
[83]黄毕华．关于中国林业经济发展的几点思考[J]．现代农业科学，2009(02)：136～137.

[84]姜雪梅，李凌，徐晋涛．林权制度改革对平原地区林地经营模式影响分析[J]．林业经济，2008(10)：30～35.

[85]黄晓玲，王灿雄，谢志忠，杨建州．林业规模经济的非线性均衡分析研究[J]．技术经济，2009(03)：38～44.

[86]刘璨，于法稳，任鸿昌，薛同良，吴水荣．平原林业生态效率测算与分析—以江苏省淮安市为例[J]．中国农村经济，2004(06)：47～53.

[87]刘珉，邢熙．平原林增长的负外部性问题研究[J]．兰州学刊，2009(01)：145～151.

[88]汤斌．产业结构演进的理论与实证分析—以安徽省为例[D]．成都：西南财经大学，2005.

[89]何树春，马华文．林业区域特色经济的构建与经济发展模式的思考[J]．黑龙江生态工程职业学院学报，2008(03)：54～55.

[90]韩杏容，夏自谦，张德英．我国林业区域经济增长模式分析[J]．吉林林业科计，2006(07)：41～44.

[91]张超，黄清麟．林业区划研究综述林业[J]．资源管理，2005(10)：16～20.

[92]程征．我国林业的产业价值链分析[J]．北京林业管理干部学院学报，2006(1)：39～43.

[93]刘俊昌．林业产值的计量、分析和应用研究[D]．北京：北京林业大学，2002.

[94]高克姝．平原多功能林业模式研究[J]．山西林业科技，2003(12)：1～4.

[95]马广奇．产业经济学在西方的发展及其在我国的构建[J]．外国经济与管理，2000(10)：8～15.

[96]侯景新，尹卫红．区域经济分析方法．北京：商务印书馆．2005.

[97]徐期瑚．现代林业评价指标体系研究初探[J]．湖北林业科技，2009(02)：43～47.

[98]Ralph J Alig，Darius M Adams，Bruce A McCarl. Ecological and economic impacts of forest policies：interactionsacross forestry and agriculture[J]. Ecological Economics，1998(27)：63～78.

[99]Peter Felker，Juan Carlos Guevara. Potential of commercial hardwood forestry plantations in arid lands—an economic analyses of Prosopis lumber production in Argentina and the United States [J]. Forest Ecology and Management，

2003, 186: 271 ~286.

[100]Tom L Green. Confusing liquidation with income in BC's forests: economic analysis and the BC forest industry[J] Ecological Economics, 2000, 34: 33 ~46.

[101]N D Macleod, J G McIvor. Reconciling economic and ecological conflicts for sustained management of grazing lands [J]. Ecological Economics, 2006, 56: 386 ~401.

[102]Michael Richards. Can Sustainable Tropical Forestry be Made Profitable? The Potential and Limitations of Innovative Incentive Mechanisms[J]. World Development, 2000, 28(6): 1001 ~1016.

[103]Patrik, Jurgenne H, Primavera. Illuminating the need for ecological knowledge in economic valuation of mangroves under different management regimes— a critique[J]. Ecological Economics, 2000, 35: 135 ~141.

[104]Yajie Song, William Burch Jr, Gordon Geballe, Liping Geng. New organizational strategy for managing the forests of southeast China The share-holding integrated forestry tenure system[J]. Forest Fkology and Management, 1997, 91: 183.

[105]R. Kerry Turner, Jeroen C. J. M. van den Bergh. Ecological-economic analysis of wetlands: scientific integration for management and policy[J]. Ecological Economics, 2000, 35: 7 ~23.

[106]RUNSHENG YIN. Forestry and the Environment in China: the Current Situation and Strategic Choices [J]. World Development, 1998, 26 (12): 2153 ~2167.

[107]RUNSHENG YIN. A Welfare Measurement of China's Rural Forestry Reform During the 1980s[J]. World Development, 2002, 30(10): 1755 ~1767.

[108]Y Zhang. Economics of transaction costs saving forestry[J]. Ecological Economics, 2001, 36: 197 ~204.

[109]Bolkesjo, Torjus Folsland. Modeling supply, demand and trade in the Norwegian forest sector [DB/OL]. ProQuest Digital Dissertations, 2004.

[110]Harris L D. The Fragmented Forest: Island Biogeogtaphy Theoty and Preservation of Biotic Diversity[M]. Chicago: university of Chicago Press, 1984.

[111]Bridgewater P. B. Biosphere reserves: speeial places for people and nature [J]. Envi-ronmental Science and PoliCy, 2002, (1): 19 ~32.

[112] Coase R H. The Nature of the Firm, Economics [M]. New Series, 1937: 386.

[113] Gan Jianbang. Effeets of China's WTO aceession on global forest product trade. Forest policy and Economics, 2004(6).

[114] Amaeher G s. The design of forest taxation: a synthesis with new directions [J]. Silva Fennica, 1997, 31(1).

[115] Bolkesjo, Torjus Folsland. Modeling supply, demand and trade in the Norwegian forest sector [DB/OL]. Proquest Digital Dissertations, 2004.

[116] Franco Archibugi. The ecological city and the city effect: essays on the urban planning requirements for the sustainable city -(Studies in green research) [M]. Athenaeum Press, 1997.

[117] Wu J Loucks Q L. From balance-of-nature to hierarchical patch dynamics: A paradigm shift in ecology[J]. Quaterly Review of Biology, 1995, 70: 439 ~ 466.

[118] J Warntz W. The topolopy of a social-economic terrain and spatial flows[C]. Paper of The Ragional Science Association. University of Washington, Philadephia, 1966: 46 ~ 61.

[119] Harris, L D. The Fragmented Forest: Island Biogeogtaphy Theoty and Preservation of Biotic Diversity[M]. Chicago: university of Chicago Press, 1984.

[120] Franco Archibugi. The ecological city and the city effect: essays on the urban planning requirements for the sustainable city [M]. Athenaeum Press, 1997.

[121] Fisher AG. Produetion, Primary, Seeondary and Tertiary[J]. Eeonomic Record, 1939.

[122] Seung J K, Seung H Y, Chun O S A. Multiattribute Index for Assessing Environmental Impacts of Regional Development Projects: A Case Study of Korea[J]. Environmental Management, 2002, 29(2): 301 ~ 309.

[123] Charles H P, Melanie J B. Assessing the Environmental Impacts of Beach Nourishment, Bioscience [J]. Washington, 2005, 55(10): 887 ~ 897.

[124] Andy J. An Environmental Assessment of Food Supply Chains: A Case Study on Dessert Apples[J]. Environmental Management, 2002, 30(4): 560 ~ 576.

[125] Muttamara. S, Shing Tet Leong. Environmental Monitoring and Impact Assessment of a Solid Waste Disposal Site[J]. Environmental Monitoring and As-

sessment, 1997, 48(1): 1 ~24.

[126] Josephine P, Philippe G. Environmental Impacts of Farm-Scale Composting Practices [J]. Water, Air, & Soil Pollution, 2004, 153 (1 -4): 45 ~68.

[127] Demidova. O, Cherp A. Risk assessment for improved treatment of health considerations in EIA[J]. Environmental Impact Assessment Review, 2005, 25 (4): 411 ~429.

[128] Lynn L E. Managing public policy[M]. Boston: Little, Brown, 1987.

[129] Robert Goodland. Strategic Environmental Assessment and the World Bank Group [J]. International Journal of Sustainable Development&World Ecology, 2005(12): 245 ~255.

[130] Coase R H. The Nature of the Firm, Economics [M]. New Series, 1937: 386.

[131] H Igor Ansoff, Edward J, Mc Donnell. The New Corporate Strategy [M]. New York: Jonh Wiley & Sons, 1988.

[132] Kadekodi, Madhumita Mishra. Economics and Mountain Biodiversity. A Brief Bibliographical Survey, 2003: 1 ~8.

[133] Mohan Munasinghe, Jeffrey McNeely. Protected Area Economics and Policy. The International Bank for Reconstruction and Development, The World Bank, 1994: 7 ~9.

[134] Franz W Gatzweiler. Institutionalising Biodiversity Conservation—The Case of Ethiopian Coffee Forests. Conservation and Society, 2005, 3(1): 201 ~ 223.

[135] Anssi Niskanen, Johanna Vayrynen. Economic EFI Proceedings, 2001, 36: 215 ~226.

[136] A L Hammett, J L Chamberlain. Sustain Products: Alternative Forest-based Resources Income Opportunities on Private. Hagerstown, Maryland, 1998: 141 ~147.

[137] E Marshall, A C Newton, K Schrekenberg. Co products: first steps in analyzing the factors in flu. Review, 2003, 5(2): 134 ~136.

[138] UNDP Program on Forests. Financial Mechanise Report. 1999: 8 ~18.

[139] R A Sedro. From foraging to cropping: the transition implications for wood supply and demand. Unasylva

[140] Lausti A, Penttinen, M. The analysis no industrial private forest ownership by

forestry, 1998, 32(1): 75 ~94.

[141]Markku Simula. Trade and Environmental Issues in forest Production. Environment Division Working Paper April 1999: 31.

[142]Sten Nilsson. Experiences of Policy Reforms of the Forest Sector in Transition and Other Countries with Implications for the Chinese Forest Sector. International Forum on Chinese Forestry Policy: Developing a Policy Research Agenda to Meet Existing and Future Challenges. Beijing, China, 13 - 14th June 2002: 22.

[143]魏成龙，张洁梅. 企业并购后知识整合传导机理的实证研究[J]. 中国工业经济，2009(05)：119 ~128.

[144]乔梁. 我国企业购并过程中的若干误区[J]. 经济纵横，2000(05)：33 ~36.

[145]毛根林. 从增长主导型向科学协调型经济发展方式转变——基于科学发展观视角的综合分析[J]. 管理学刊，2010，23(6)：6 ~14.

[146]殷醒民. 论中国制造业的产业集中和资源配置效益[J]. 经济研究，1996(01)：11 ~21.

[147]仇保兴. 简论小企业集群与工业产业结构优化的关系[J]. 金华职业技术学院学报，2001(01)：2 ~7.

[148]陈小洪，仝月婷. 产业规模经济水平的估计方法及对中国工业的初步考察[J]. 数量经济技术经济研究，1990(05)：36 ~41.

[149]金祖钧，徐升华. 对规模经济观念的新思考[J]. 江西财经大学学报，2000(06)：7 ~10.

[150]左相国，黎志成. 中国烟草企业规模经济的统计特征[J]. 统计与决策，2003(09)：47 ~48.

[151]梁小萌. 规模经济和产业集聚及区域协调——入世后我国产业竞争优势的培育[J]. 改革与战略，2000(05)：12 ~16.

[152]刘继生. 中国电池工业发展之战略思考[J]. 电池工业，2000(05)：227 ~230.

[153]吴文洁. 世界炼化产业发展新动向及其启示[J]. 西安石油学院学报(社会科学版). 2001(02)：21 ~26.

[154]赵登峰. 外部规模经济与深圳城市竞争力分析//2003 年中国经济特区论坛：特区发展与国际化问题学术研讨会[Z]. 中国海南博鳌：2003：74 ~83.

[155]潘正彦. 对我国银行业市场结构与市场绩效的实证分析[J]. 金融论坛, 2004(06): 40 ~44.
[156]杨雪琴. 中国汽车化规模经济的计量分析[J]. 青海社会科学, 2004(01): 38 ~41.
[157]赵紫剑. 银行规模经济问题研究综述[J]. 经济学动态, 2004(10): 93 ~96.